যা হারিয়ে যায়

(কবিতা সংকলন)

পূর্ণেন্দু ঘোষ

ISBN 979-8-89519-548-2

প্রকাশক:

শ্রীমা ও শ্রীঅরবিন্দের পাদপদ্মে নিবেদিত

সূচী

লেখকের নিবেদন

বিচিত্র মানুষের জীবনযাত্রা। ভিন্ন তাদের রুচি, চিন্তাভাবনা, ধ্যানধারনা, আচার ব্যবহার। কেউ দারিদ্রের সঙ্গে নিয়ত সংগ্রাম করে চলেছে, কেউ আবার বিলাসব্যসনের মধ্যে দিন কাটায়। আশা নিরাশায় দোদুল্যমান তাদের জীবন। সুখ-দুঃখ, মান-অভিমান, ব্যথা-বেদনা, বিবাদ-বিসংবাদ তাদের জীবনকে সতত ক্লিষ্ট করে; অহংকার, স্বার্থপরতা, নীচাশয়তা, হিংসা, ক্রোধ, কামনা বাসনা তাদের স্বাভাবিক বৃত্তি। এইসব মানুষদেরকে খুব কাছ থেকে দেখেছি, দেখেছি ফুটপাতে গুগলি বিক্রিরতা গরীব মেয়েটিকে, বটগাছের নীচে ঝুড়িতে কয়েকটা পেয়ারা নিয়ে বসে থাকতে লোকটাকে, খবরের কাগজে মৃত ব্যক্তিদের ছবি দেখতে দেখতে অনুভব করেছি তাদের প্রিয়জনদের বেদনা, শুনেছি অসহায় মানুষের কান্না। এইসব ব্যক্তিদের দুঃখ যন্ত্রণা আমাকে ব্যথিত করেছে। এসবের সঙ্গে দেখেছি নিজেদের জীবন বিপন্ন করে দেশের মুক্তির জন্যে মানুষকে আত্মবলিদান দিতে। তারই প্রকাশ আমার কবিতাতে। আমি স্বপ্ন দেখতে ভালোবাসি, দেখি দূষণমুক্ত, সকল সমস্যামুক্ত, হিংসামুক্ত, দ্বন্দ্বসংঘাতমুক্ত এক স্বপ্নের পৃথিবী যেখানে জাতি, ধর্ম, বর্ণ নির্বিশেষে সকলে একে অপরের সঙ্গে সদভাব বজায় রেখে শান্তিতে বসবাস করছে। কবিতার মধ্যে সেই স্বপ্নের কথা লিখেছি। নিজের জীবনেও ঝড়ঝাপটা কম নয়। সবকিছুকেই সহ্য করতে হয়েছে। তারই প্রকাশ কবিতায়। দুর্গত মানুষদের জন্যে চোখের জল ফেলা ছাড়া আর কিছু করতে পারিনি। কিন্তু পেয়েছি তাদের অকৃত্রিম ভালোবাসা। এই ভালোবাসার প্রকাশ একাধিক কবিতায়। শ্রীঅরবিন্দ, শ্রীমা, ঠাকুর শ্রীরামকৃষ্ণ, স্বামী বিবেকানন্দ, রবীন্দ্রনাথ ঠাকুর, নেতাজী সুভাষচন্দ্র প্রমুখ বিভিন্ন মনীষীদের জীবন ও আদর্শ

আমার জীবনকে প্রভাবিত করেছে। তাঁদের নিয়েও লিখেছি একাধিক কবিতা।

আমাদের যেমন রয়েছে বাইরের জগৎ, তেমনি আছে এক অন্তরের জগৎ। আমরা এক শাশ্বত পরম ব্রহ্মের অংশ। আমাদের সকলের মধ্যেই রয়েছে এক ভগবদ্ সত্তা, ঈশ্বর আমাদের মধ্যে নিত্য বিরাজ করছেন। তিনি তাঁর সৃষ্ট যোগমায়ার আড়ালে নিজেকে লুকিয়ে রেখেছেন। তিনি আমাদের চিরসাথী, আমরা বুঝি না বুঝি এই আড়াল থেকেই তিনি আমাদের পরিচালনা করছেন, সকল বিপদ আপদ থেকে আমাদেরকে রক্ষা করে চলেছেন। কবিতার অর্ঘ্য সাজিয়ে তাঁর কাছে নিজেকে নিবেদন করেছি।

এই জগতে কোনোকিছুই চিরস্থায়ী নয়, অনেক নিকট আত্মীয়, বন্ধুবান্ধবদের আমরা হারিয়েছি হারিয়ছি। স্মৃতির মণিকোঠায় জমে আছে তাদের সুখদুঃখের ইতিহাস। তাদের নিয়ে লেখা কবিতা। অন্য অনেক কিছুর মতো কবিতাও চিরস্থায়ী নয়। অনেক কবিতা যথাযথভাবে সংরক্ষণের অভাবে হারিয়ে গেছে। সেসব কিছু ফিরে পাওয়া যাবে না। কিন্তু তারজন্য কোনো ক্ষোভ নেই। এগুলোর মধ্যে যেসব কবিতা সংগ্রহ করতে পেরেছি তাই দিয়ে মালা গেঁথে নিবেদন আমার এই কবিতা সংকলন ‘‘যা হারিয়ে যায়‘‘। ছোট বড় বিভিন্ন আকারের মোট ২৪৯টি বাঙলা ও ১১টি ইংরাজী কবিতা নিয়ে লেখা এই কবিতা সংকলন। কবিতাগুলি পাঠকদের কাছে রুচিকর হলে বিশেষ আনন্দিত হব।

পরিশেষে কৃতজ্ঞচিত্তে স্মরণ করি আমার ভগ্নী রাকা, কন্যা উপাসিকা যাদের সাহায্য ব্যতীত এই বইটি প্রকাশ করা সম্ভব হতো না। এছাড়া যাঁরা সর্বদা আমাকে উৎসাহিত করেছেন তাঁরা হলেন আমার ভগ্নী লিপি মুখার্জী, সহকর্মী ডঃ দিলীপ কুমার চৌধুরী, উপেন্দ্রনাথ পূততুণ্ড নির্মল কুমার পাল ও বন্ধুবর প্রবীর দত্ত। তাঁদেরকে জানাই আমার আন্তরিক কৃতজ্ঞতা।

১

।। শান্তিমন্ত্র ।।

ওঁ সর্বে ভবন্তু সুখিনঃ
সর্বে সন্তু নিরাময়াঃ।
সর্বে ভদ্রাণি পশ্যন্তু
মা কশ্চিৎ দুঃখ ভাগ্‌ভবেৎ।
ওঁ শান্তিঃ শান্তিঃ শান্তিঃ।।

সুখে থাক সবে
থাক নিত্য আনন্দে,
বিশ্বপ্রাণধারায় ওঠো জাগি
নতুন প্রাণের স্পন্দে।

নাহি দ্বন্দ্ব, নাহি লোভ,
নাহি ক্রোধ, নাহি ভয়,
পীড়িত তাপিত জনের
রোগ হোক নিরাময়।

যা কিছু সুন্দর, মনোরম,
ফুটুক সবার আঁখির সমুখে,
নয়ন মেলে দেখি তারে
শুভ্রজ্যোতির আলোকে।

সুখেতে ভরুক সবার অন্তর,
দুঃখ বেদনার হোক অবসান,
মলিনতার মেঘ যাক সরে
শান্তিতে কাটুক জীবন।।

পূজা

২

পূজা

পূজিব তোমায় অন্তরে
 শুদ্ধ ভাবনা দিয়া,
সাজাব তোমায় অলঙ্কারে
 সুচারু কবিতা দিয়া।

মনের গহনে দিও
 জ্ঞানের প্রদীপ জ্বালিয়া,
প্রাণের মাঝারে হরষে
 উঠিও জাগিয়া,
জগতে পড়ুক তোমার
 প্রসাদবারি ঝরিয়া।

কেটে গেছে মেঘ
 আকাশ পরিষ্কার,
ফুটেছে দিনের আলো
 ঘুচেছে অন্ধকার।
মিথ্যা এ মায়া মরীচিকা

মিথ্যা এ ভয়,
নাহি দুঃখ, নাহি দৈন্য
জগত আনন্দময়।

৩

কে?

কে দিলো এই পৃথিবীটাকে নীল আকাশ দিয়ে ঢেকে,
সবুজ বনানী উজ্জ্বল রঙে এঁকে,
শূণ্যের জঠর হতে নিদ্রিত বায়ু কার আহ্বানে উঠিল জেগে,
ভেসে চলে শূন্যে, জলে, স্থলে, দিক হতে দিকে?

কে সে লুকিয়ে আছে প্রকৃতির গভীর গহনে,
স্পন্দিত হয় মস্তিষ্কের কোষে নব নব ভাবনে,
প্রস্ফুটিত ফুলের সৌরভে, তার বিচিত্র বরণে,
অগণিত নক্ষত্রের উজ্জ্বল জালের সুচারু বুননে,
নারীর পেলব, সৌন্দর্যে, পুরুষের দেহসৌষ্ঠবে,
ক্রীড়ারত শিশুর হাসি, লজ্জারঞ্জিত বালিকার মুখাবয়বে,
ভ্রাম্যমান গ্রহ-নক্ষত্রের কক্ষপথে, স্থাবর, জঙ্গমে?

কে রচিল এই জগত, দুর্নিবৃত্ত কার এই কর্মশালা, এই ছায়া,
যবনিকার অন্তরালে লুকিয়ে আছে তার কায়া?
একী সবই ভ্রম, প্রহেলিকা, অস্তিত্বহীন মায়া?
সে কে? ব্রহ্মা, বিষ্ণু, কি তার নাম?

দেবতা, মানুষী, নর, নারী?
দেহী, বিদেহী, এক না বহু?
কেমনে যায় তার দেখা পাওয়া?

আমাদের কাছে বালকের রূপ ধরি
দিব্যকান্তি কে তুমি বাজাও বাঁশরি?
কে তুমি নির্বসনা, গলে মুণ্ডমালা, উগ্র করালরূপিনী ভয়ঙ্করী?
কে তুমি হিমশীতল উত্তুঙ্গ পর্বতশিখরে উপবিষ্ট শিব-শঙ্করী?
কে তুমি এই ব্রহ্মাণ্ডের চিরন্তন কর্মযজ্ঞের চিরন্তন কাণ্ডারী?

কার এই চাতুর্য্যভরা লীলাখেলা বিশ্বপ্রপঞ্চময়?
ক্ষণিকের সুখটুকু দিয়ে পুনরায় নেয় কেড়ে, কে সেই ছলনাময়,
দুঃখে ভারাক্রান্ত করে তোলে মানবহৃদয়?
সুখদুঃখের নিরন্তর খেলা তাঁর জাগায় বিস্ময়?

(শ্রীঅরবিন্দের লেখা WHO কবিতার ওপরে একটু প্রচেষ্টা)

৪

চেতনা

চেতনার
দ্বার যাক খুলে,
ঊর্ধ্বের চেতনা আসুক
নেমে অন্তরের আলো জ্বেলে;
সকল কর্ম, ভাবনা, আচার
হোক আলোকিত;
জীবন হোক
আত্মজ্ঞানে সম্পৃক্ত,
শিল্পসুষমায় হোক রঞ্জিত,
সংকীর্ণতা বৃহতে হোক উন্মুক্ত,
বৈষম্যের মাঝে ঐক্য হোক প্রতিষ্ঠিত,
ব্যক্তিসত্তা সমষ্টির সাথে হোক যুক্ত,
নিম্নের দাসত্ব থেকে হোক মুক্ত।

৫

অবগাহন

অনন্ত এই বিশ্ব ব্রহ্মাণ্ডে
নিত্য আছি সবার মাঝে
বিভেদ নেইকো কোনো,
ছড়িয়ে আছে সুখ দুঃখ
বাসনা, রোগ, জ্বালা, তাপ,
অনিত্যের পেছনে ছুটে চলা,
মনের আবিলতা, অহংকারের দাপাদাপি,
চাওয়া পাওয়ার হিসাব,
সবকিছু থেকে নিজেকে সরিয়ে রাখি,
কোথা হতে আসে আনন্দ
তারই মধ্যে ডুবে থাকি।

৬

বীক্ষণ

কামনা বাসনা তাড়িয়ে নিয়ে বেড়ায়,
লোভ, ক্রোধ, হিংসা, অহংকার,
স্বার্থপরতা পথ আটকে দাঁড়ায়,
এসব থেকে মুক্ত করি ছুটি তোমার অন্বেষণে -
পাহাড়ে পর্বতে, বনে জঙ্গলে, সমুদ্র সৈকতে;
ছুটি তীর্থক্ষেত্রে, মন্দিরে, দেবস্থানে, আশ্রমে;
দেখি সেখানে নিত্য হতেছে বিগ্রহের পূজা,
বাতাস ফুলের গন্ধে আমোদিত,
বাজিছে ঘন্টা, মধুর শঙ্খধ্বনি,
কানে বাজে পুরোহিতের মন্ত্র উচ্চারণ,
বসে থাকি ভক্ত মানুষের ভীড়ে, করজোড়ে
সব ক্লান্তি অবসাদ যায় দূরে সরে;
হৃদয়ে জাগে ভক্তি, প্রাণে জাগে শক্তি;
চক্ষুবুজে থাকি, ডুবে যাই অন্তর গহনে।
অন্তরের অন্ধকারে দাও আলো জ্বেলে;
দেখি তুমি ছাড়া জগতে আর কিছু যে নাই;
আছ তুমি সকল জীবে, সকল স্থানে,

সকল জীবের অন্তরে বাহিরে।
তুমিই শক্তি, তুমিই ভক্তি, তুমিই জ্ঞান,
তুমিই আলো, তুমিই শান্তি, তুমিই বন্ধু,
নিত্য বিরাজিছ সবার অন্তর আসনে।

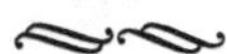

৭

অদ্বৈত

আমার বলে
এই জগতে কিছুই নেই,
সবই এক পরম পুরুষের
প্রকাশ ভিন্ন ভাবে, ভিন্ন রূপে।
তিনিই শরীর ধারন করেন আর
সাথে নিয়ে আসেন মন ও ইন্দ্রিয়,
শরীর ত্যাগে এইসব নিয়ে যান চলে।
আসক্তির মায়ার জালে আটকে আছি আমরা
আর সদাই বলছি 'আমার, আমার'
তাঁর এই বিশ্বলীলায় একমাত্র
তিনি সবকিছু করেন ভোগ,
তিনি জীব, তিনি ব্রহ্ম,
আমরা কেউ নই,
তিনিই সব।

৮

আমি

আমার কেউ নেই,
কিছু নেই, দেহ নেই,
প্রাণ নেই, মন নেই,
হৃদয়ে অনুভুতি নেই,
ক্ষুধা নেই, দুখ নেই,
মান নেই, অপমান নেই,
শোক নেই, তাপ নেই,
দেশ নেই, কাল নেই,
মনের চিন্তা নেই,
প্রাণের বাসনা নেই,
জরা ব্যাধি বার্ধক্য নেই,
জন্ম নেই, মৃত্যু নেই,
আমার অস্তিত্ব নেই,
ব্যক্তিত্ব নেই।

কে বলে আমি নেই,
আমি ছিলাম, আছি থাকব,
আমিই সেই,
আমরা সবাই।

৯

হে প্রভু,
তোমার চেতনা রাখুক ঘিরে,
তোমার চেতনায় করি বাস,
"দীর্ঘ দিবস, দীর্ঘ রজনী, দীর্ঘ বরষ মাস"
দুঃখ জ্বালা যন্ত্রণা সব দূরে সরিয়ে রাখি,
বাইরের কোলাহল হতে সদা মুক্ত হয়ে থাকি,
দেহে প্রাণে দাও শক্তি,
হৃদয়ে দাও শ্রদ্ধা, ভক্তি,
অজ্ঞানতার অন্ধকার দূর করে দাও যত,
অন্তরেতে জ্ঞানের প্রদীপ জ্বালিয়ে রেখো সতত;
মনে থাকুক তোমার তরে অটুট বিশ্বাস,
পাই যেন তোমার নব জীবনের আশ্বাস।

১০

হে প্রভু,
কেউ বলে তুমি বিশ্বাতীত,
কারোর কাছে তুমি বিশ্বময়,
কেউ বলে এই জগত মিথ্যা, মায়া, প্রপঞ্চময়,
কারোর মতে এই বিশ্বে তুমি বিধৃত,
সকলই তোমার ইচ্ছা, তোমার দ্বারা পরিচালিত,
খেলিছ এই বিশ্ব লয়ে,
সবই তোমার লীলা-খেলা।
তুমি অনন্ত আবার সান্ত,
তুমি অচিন্ত্যরূপ, আবার আছ মনের চিন্তনে,
ভরিছ মন নব নব ভাবনে,
এই জড় জগতে তুমি শক্তি,
চিৎশক্তিরূপে সদাই বিরাজ,
বিরাজিছ সর্বভুতে ভিন্ন রূপে, ভিন্ন ভাবে,
বিরাজিছ আমাদের সকল সত্তা জুড়ে,
বিরাজিছ অন্তরে, বাইরে,
সখা তুমি, পিতা, মাতা, ভাই, বোন,
রেখেছ সবারে, বেঁধেছ সবারে,
প্রেম, প্রীতি, ভালোবাসার ডোরে।

১১

হে প্রভু,
অন্তরে আছ বসে,
সকল সত্তা আমার
ভরিছ আনন্দ-সুধা-রসে;

জেগে উঠি হরষে
নূতন এক চেতনায়
তোমার কৃপা-বারি-পরশে।

১২

হে প্রভু,
মনের গহনে দিয়ো
জ্ঞানের প্রদীপ জ্বালিয়া,
প্রাণের মাঝে হরষে
ওঠো গো জাগিয়া,
জগতে পড়ুক তোমার
প্রসাদবারি ঝরিয়া।

১৩

ওগো আমার প্রিয়,
ঘুম থেকে আমায় জাগিয়ে দিয়ো,
এগিয়ে যাবার শক্তি আমায় দিয়ো,
অন্তরের আকুতি জাগিয়ে দিয়ো,
হৃদয়ে আমার শুদ্ধতা ভক্তি দিয়ো,
মনের মাঝে নতুন ভাবনা দিয়ো,
অন্ধকারে আলো জ্বালিয়ে দিয়ো,
হাতখানি আমার ধরে নিয়ে এগিয়ে চল,
হৃদয় আমার ভালোবাসায় ভরিয়ে দিয়ো,
মন আমার শুদ্ধ ভাবনায় ভরিয়ে দিয়ো,
বিভেদের প্রাচীরখানি সরিয়ে দিয়ো,
সবার মাঝে আমার সত্তা ছড়িয়ে দিয়ো,
জীবনতরুশাখা পত্রে পুষ্পে ভরিয়ে দিয়ো,
অজ্ঞানতার অন্ধকারে জ্ঞানের আলো জ্বালিয়ে দিয়ো,
শোক দুঃখ তাপের মাঝে আনন্দেতে ভরিয়ে দিয়ো,
রাত্রির অবসানে নতুন সূর্যের আলোয় জাগিয়ে দিয়ো।

১৪

হে প্রভু,
এই দেহ,
মন, প্রাণ,
এই সবই তোমারই দান;
মনের কালিমা করে দাও দূর,
দিব্যজ্ঞান, ভাবনায় উঠুক মন ভরে;
করো দূর সংকীর্ণতা, নীচাশয়তা, মোহের আবরণ,
দেহের সকল কোষ, স্নায়ু দিব্যশক্তিতে উঠুক ভরে,
অহংকার, কাম, ক্রোধ, হিংসা, বিদ্বেষ নাশো;
দাও প্রাণে দাও নতুন উদ্যম, শক্তি,
হৃদয়ে দাও শ্রদ্ধা, ভালোবাসা, ভক্তি,
করো নীরোগ দেহ, জড়তা করো দূর,
বাধাহীন আনন্দে
করো জাগরিত,
হে প্রভু

১৫

হে প্রভু,

অন্তরেতে

নিত্য বিরাজ

তুমি শুদ্ধ, দয়াময়,

রেখেছ মোরে শুদ্ধ করি,

সিক্ত করেছ দয়া, মমতায়,

ঘুচাও সদাই মনের কালিমা যত,

রহস্যের বন্ধ দুয়ারখানি দিয়াছ খুলে,

বন্ধ করে আর দিও নাকো সেই দুয়ারখানি,

অন্ধকারে দিয়াছ জ্ঞানের আলো জ্বেলে,

জ্বলুক আলো, নাহি যেন হয় নির্বাপিত,

দেখি তোমার মূরতি অন্তর মাঝে,

বারে বারে আসি দেখিবারে

তোমার ঐশ্বর্য অপার,

ফিরিয়া যেয়ো না

হে প্রভু।

১৬

হে প্রভু,
বিরাজিত নিত্য অন্তর আসনে,
দিতেছ ভরে মন নব নব ভাবনে,
প্রাণে দিতেছ শক্তি,
হৃদয়ে দিতেছ ভক্তি;
মন ভরে থাক সদাই তোমার চিন্তনে,
কিছু নাহি চাহি আর ঐহিক জীবনে।

১৭

হে প্রভু,
পরম ব্রহ্ম
অনাদি অনন্ত,
নিত্য বিরাজ তুমি
এই চরাচর জগতে,
সকল জীবে, নির্জীবে,
তুমিই সেই সচ্চিদানন্দ
আছ আমার মাঝে ভুলিব কেমনে;
তবু কেন জানি তোমায় ভুলে থাকি,
বাঁধা পড়ে আছি মায়ার জালে,
মিথ্যা অহংকারে ডুবে থাকি,
দুঃখ যন্ত্রণা ভোগ করি।
এসব করে দাও দূর,
মিলাও আমারে
সবার সাথে
পরম ব্রহ্ম
হে প্রভু।

১৮

হে প্রভু,
এই জীবনে
পেয়েছি যা কিছু
সবই তোমারই দান,
সুখ-দুঃখ, মান-অপমান,
ধনসম্পদ, যশ, খ্যাতি, সম্মান,
নীরোগ দেহ, শুদ্ধ মন, প্রাণের আশা;
হৃদয়ে দিয়েছ সকলের তরে ভালোবাসা,
মহাকাল হতে ক্ষণিক বুদ্‌বুদের মতো ভেসে ওঠা
জীবন আমার ভরিয়ে রেখেছ বিচিত্র সম্ভারে;
শুদ্ধ বাতাসে বুক ভরে নিতে পেরেছি শ্বাস;
দেখেছি উন্মুক্ত আকাশ ব্যাপ্ত চারিধার;
সবার মাঝে করে দিয়েছ মোর স্থান,
অন্তর রেখেছ ভরে আনন্দে
জানাই কৃতজ্ঞতা তোমায়
বিনীত নমস্কারে,
হে প্রভু।

১৯

হে প্রভু,
তুমি
অন্তর্যামী,
অন্তরে আছো,
জেনেও না জানি।
বাইরের জগতে বৃথা
এটা ওটা নিয়ে ভুলে থাকি।
মাঝে মাঝে এসে দাও প্রেরণা,
কিছু ঘটার আগে সতর্ক করো মোরে,
জানিয়ে দাও বিপদের সংকেত,
সত্যকে করো উদ্ভাসিত।
জানি আছো নিত্য
আমার হৃদয়ে
অন্তর্যামী
মম।

২০

পরম সত্য
নিত্য অনন্ত
প্রকাশি বিশ্বব্যাপী
চেতনা জীবে নির্জীবে
জাগে আনন্দ ভাবে অনুভবে
মুক্ত সকল বন্ধন হতে
সাযুজ্য আমি
সোহম্।

২১

হে প্রভু,
নিত্য আছ তুমি,
স্বপনে, জাগরনে,
অন্তরে, বাইরে,
মনের মাঝারে,
চিন্তনে, ভাবনে,
হৃদয় গহনে,
দেহের কোষে,
সকল স্নায়ুতন্ত্রে,
সুখে, দুঃখে,
আলো, আঁধারে,
দুঃসময়ে, সুসময়ে,
সর্বজীবে, নির্জীবে;
তোমার চেতনা
যুক্ত আমার সাথে
জাগায় আনন্দ,
করুণা সর্বজীবে।

২২

হে প্রভু,
শূন্য নয়, পূর্ণ করো;
হিংসা নয়, মৈত্রী আনো;
অন্ধকারে আলো জ্বালো;
অজ্ঞানে জ্ঞানের বার্তা আনো,
সর্বব্যাপী চেতনার সাথে যুক্ত করো;
আত্মার আলোকে দেহ, মন, প্রাণ রঞ্জিত করো;
হৃদয় আমার ভক্তিরসে সিঞ্চিত করো;
সংকীর্ণতার প্রাচীর ভেঙে ফেলো;
উদার করো, মহান করো;
সংশয় দূর করো।

২৩

সত্যের,
জ্ঞানের পথে,
আনন্দের পথে,
উন্নত চেতনার পথে;
যখন জন্মেছি আমরা
তখন থেকেই যাত্রা শুরু।
চলেছি অনেক বাধা পেরিয়ে।
লোভ, কামনা, বাসনা, অহংকার,
হিংসা, ক্রোধ, ভয়, ঘৃণা, স্বার্থপরতা,
মোহান্ধতা, জাগতিক বিষয়ের পেছনে ছুটে চলা,
মানসিক অস্থিরতা, বিশেষ মতবাদকে আঁকড়ে থাকা,
ভুল বোঝাবুঝি, লড়াই ঝগড়া নিয়ে মাতামাতি,
রোগজ্বালা ব্যাধি কোনোটাই কম নয়।
বয়েসের সাথে সাথে শক্তি যায় কমে,
চলেছি এগিয়ে দুর্গম পথ ধরে
হাজার বাধা পেরিয়ে
সবাই এক সাথে।
ভালো থেকো
সবাই।

২৪

হে প্রভু,
ক্ষুদ্র আমরা, ক্ষুদ্র সংকল্প, ক্ষুদ্র ভাবনা –
কোথা থেকে এলাম, কোথায় চলেছি –
কিছুই নাহি জানি।
শুধু জানি – আছি, কখনো ভালো,
কখনো মন্দ।

তুমি বিশ্বব্যাপী, বিশ্বাতীত।
এই ক্ষুদ্রতা ত্যাজি বৃহৎ হইতে চাহি –
তোমার কাছে এ বর মাগি।

২৫

হে প্রভু,
অজ্ঞান অন্ধকার তিমিরে
জ্বালো জ্ঞানসূর্যের আলো,
মোহের আবরণ দূর করে
খোলো, বন্ধ দুয়ার খোলো;
সুখ-দুখ, শুভ-অশুভের মাঝে
পড়ুক তব আশীষবারি ঝরে,
মনের কালিমা, প্রাণের কামনা,
দেহের যাতনা দাও দূর করে।

২৬

হে প্রভু,
শান্ত করো, শুদ্ধ করো,
মনের আবর্জনা দূর করো,
অন্ধকার মাঝে আলো জ্বালো,
দীর্ঘদিনের বন্ধ দুয়ারখানি খোলো,
অন্তর প্রশান্তিতে ভরিয়ে তোলো,
বিভেদের প্রাচীরখানি সরিয়ে
সবার সাথে যুক্ত করো।

২৭

হে প্রভু,
অন্তরেতে আছ নিত্য,
তোমায় আমি কোথায় খুঁজি।
আমায় তুমি বাণী দাও
যে বাণীতে তোমায় পূজি।
আমার বলে নেইকো কিছু,
পেয়েছি সবই তোমার থেকে,
এই মৃত্যুময় সংসারেতে
আনন্দেতে ভরিয়ে রাখে।
কথা যখন আপনি আসে
সাজাই তারে যতন ভরে,
সেই কথার মালা গেঁথে
করি তোমায় নিবেদন।

২৮

হে প্রভু,
সত্যের পথে নিয়ে চল,
অসত্যেরে করে পরাজিত;
আলোর পথে নিয়ে চল,
অন্ধকার হোক দূরীভূত;
জ্ঞানের পথে নিয়ে চল,
অজ্ঞানতাকে করি পরাভূত;
উন্নত চেতনায় নিয়ে চল,
সীমার বাঁধন হোক অপসৃত;
মনের সংকীর্ণ চিন্তা দূর করি
নব নব ভাবনায় কর উদ্ভাসিত;
তোমার পথ ধরে নিয়ে চল,
সকল বাধা করে অপসারিত।

২৯

হে প্রভু,
সকল সত্তা খুলে রাখি,
আনন্দে আমায় ভরিয়ে দিয়ো।
হৃদয়খানি খুলে রাখি,
হৃদয় আমার ভালোবাসায় ভরিয়ে দিয়ো।
মনের দরজা খুলে রাখি,
মন আমার দিব্যভাবনায় ভরিয়ে দিয়ো।
প্রাণিক সত্তা খুলে রাখি,
প্রাণ আমার নূতন উদ্যমে ভরিয়ে দিয়ো।
দেহখানি সঁপি দিই তোমারে,
দেহ আমার তোমার কাজের যন্ত্র করো।

৩০

শারদীয়া

সোনার আলো ছড়িয়ে আছে
    দিকে দিকে,
মেঘেরা সব রঙে রঙে
    আলপনা দেয় এঁকে।
পাখীরা আজ গেয়ে ওঠে
    নানান সুরে,
হিমেল বাতাস ফুলের গন্ধে
    আমোদ করে।
জগত আপ্লুত আজ
    নতুন প্রাণের স্পন্দে,
বিকশিত ফুল মধুরিমা ছড়ায়
    মিষ্টি-মধুর গন্ধে।
জীবনতন্ত্রী বেজে ওঠে
    শুদ্ধ রাগিনীর ছন্দে,
কঠিন যা তা সহজ হল,
    কাজ করি আনন্দে।

এসেছি আজ তোমার কাছে
নিয়ে পূজার ডালি,
শূন্য হতে, রিক্ত হতে,
করতে মোদের খালি।
দিতে মোদের ক্ষুদ্র 'আমি',
মিথ্যা অহংকার,
আলোর পথে যাত্রী মোরা,
ঘুচাও অন্ধকার।
ছুটব নাকো জগত পানে -
মিথ্যা মরিচীকা,
অন্তরে মোদের জ্বলুক নিত্য,
দিব্যজ্ঞানের শিখা।
সেই জ্ঞানেতে জ্বালিয়ে দিও
আশার আলোখানি,
অন্তরেতে শুনতে যে পাই
নিত্য তোমার বাণী।

পূজার এই দিনগুলি যে
আসুক ফিরে বারে বারে,
জীবনের মায়ার আবর্তনে
শাশ্বত সত্যের পথ ধরে।
অশান্ত কর্ম কোলাহল মাঝে,
শান্ত-গম্ভীর-মধুর-নীরবে
ক্ষণিক বিযুক্তির অবসানে,

মধুর মিলনের উৎসবে।
করুণার সিন্ধু তুমি,
ঢালো করুণার ধারা,
হাসি আনন্দে ভরিয়ে তোলো
তৃষিত এ ধরা।
তুমি তো নও স্বর্গের মা,
মর্ত্যের মা তুমি, মা বসুন্ধরা,
এসেছ অমৃতের ভাণ্ড লয়ে
নাশিতে রোগ-দুঃখ-জরা।

৩১

শারদোৎসব

মা এসে দেখলেন -
    সশস্ত্র জঙ্গী আক্রমণে
মৃত নিরীহ, নিরাপরাধ মানুষ,
    এরই মাঝে মাকে ঘিরে
        বেদনা-বিধুর শারদোৎসব।

মা এসে দেখলেন -
    দুর্নীতি আর দুর্গতির শেষ নেই,
ঘুষের টাকায় নেতা কোটিপতি,
    এরই মাঝে মাকে ঘিরে
        আড়ম্বরপূর্ণ শারদোৎসব।

মা এসে দেখলেন -
    শিক্ষিত যুবকের চাকরি নেই,
রাস্তায় বসে তারা চাকরির আশায়,
    এরই মাঝে মাকে ঘিরে
        প্রানবন্ত শারদোৎসব।

মা এসে দেখলেন -

ধর্মঘট, হরতাল এইসব,

এরই মাঝে মেতেছে মানুষ,

এরই মাঝে মাকে ঘিরে

পরিপাটি শারদোৎসব।

মা এসে দেখলেন -

খুনোখুনি, তান্ডব,

ভয়েতে সিটিয়ে রয়েছে মানুষ,

এরই মাঝে মাকে ঘিরে

জাঁকজমকপূর্ণ শারদোৎসব।

মা এসে দেখলেন -

সামান্য যা কিছু ছিল হারিয়ে সব

বন্যায় ভেসেছে ঘর, দুর্গত মানুষ,

এরই মাঝে মাকে ঘিরে

আশার আলোয় শারদোৎসব।

মা এসে দেখলেন -

চেকিং সর্বত্র, নিরাপত্তার অভাব,

রাত্রি দশটার মধ্যেই ঘরে ফিরছে মানুষ

এরই মাঝে মাকে ঘিরে

প্রীতিপূর্ণ শারদোৎসব।

মা এসে দেখলেন -

ঝগড়া বিবাদ, নাহি সদ্‌ভাব,

নাচ, গানহীন নিস্প্রভ পূজামণ্ডপ,

এরই মাঝে মাকে ঘিরে

আনন্দমুখর শারদোৎসব।

৩২

আবাহনী

মাগো, অন্তরে তুমি জাগো,
    সকল দুঃখ, দৈন্য নাশো।
অসহায়ের ক্রন্দনধ্বনি
অন্তরেতে উঠুক রণি,
    বেদনা জাগাও চিতে;
জেগে ওঠো তুমি
    করুণ রাগিনীর গীতে।
অসুরের শক্তি হয়েছে প্রবল,
    ভক্তের পূজা হয়েছে বিফল,
রক্তধারা গিয়েছে বহিয়া,
    সন্তান তব পড়েছে লুটিয়া;
অসুরবিনাশিনী মাগো,
    এই ভারতে তুমি জাগো।

মুখ তাদের মুখোশের আড়ালে,
    হাতে তাদের বারুদ জ্বলে;
তোমার বেদীর পরে

সন্তানের রক্ত ঝরে।
এদের কোরো না ক্ষমা,
অসুরবিনাশিনী মাগো,
অস্ত্র হাতে তুমি জাগো।
দুর্বলচিতে দাও শক্তি,
ভীতজনেরে কর নির্ভয়,
ক্ষুদ্রতা কর দূর;
সাহস, বীর্য, শক্তির মাঝে,
অসুরবিনাশিনী মাগো,
আমাদের অন্তরে তুমি জাগো।
এরা বোঝে না ধর্মের মর্ম,
ধর্মের নামে বেড়েছে অধর্ম,
ঘৃণা ছুড়ে দেয় মানুষের গায়,
হিংসা, ক্রোধ, লোভ পাশবিকতা ধায়
অন্তরে, বাহিরে।
এই অধর্মের বিরুদ্ধে লড়াইয়ে
তোমার সন্তানের মাঝে
অসুরবিনাশিনী মাগো,
তুমি জাগো।
তুমি দিব্য-অস্ত্র আনো,
আঘাতে আঘাত হানো;
জড়তা যাক্ কেটে,
শৃঙ্খল পড়ুক টুটে,
সংকল্পে রেখো অটুট

তোমার সন্তানেরে
অন্তরে বাহিরে।
অসুরবিনাশিনী মাগো,
তুমি জাগো।

৩৩

পূজোর দিনে

মানুষ
পূজো নিয়ে মেতে থাকে।
খুশীর জোয়ারে ভেসে থাকে।
নিত্য দিনের কাজকর্ম ভুলে থাকে।
একে অপরকে উপহার দিয়ে থাকে।
নতুন নতুন জামাকাপড় পরে সাজতে থাকে।
আরাধ্য দেবীকে ফুল-পল্লব-ধূপ-চন্দনে সাজিয়ে পূজো করে থাকে।
সকলে মিলে করজোড়ে মন্ত্র উচ্চারণের সাথে পুষ্পাঞ্জলি দিয়ে থাকে।
ঢাকের বাজনার সাতে সাথে নাচতে থাকে।
সারা রাত ধরে নাচ গানের অনুষ্ঠান দেখে থাকে।
পূজো প্যাণ্ডেলে একাসনে বসে ভোগপ্রসাদ খেয়ে থাকে।
মাকে সিঁদুর দিয়ে বরণ করে সিঁদুর খেলায় মেতে থাকে।
মাকে গঙ্গাবক্ষে বিসর্জন দিয়ে শান্তিজল নিয়ে থাকে।
একে অপরকে বুকে জড়িয়ে রাখে।

৩৪

পূজার আয়োজন

এই যে তোমার আলোর মালা
বিশ্বভুবন জুড়ে,
রৌদ্র আলোয় শিশিরকণা
ঝরে ধরার পরে,
এই যে দীঘির কালো জলে
শালুক রাশি রাশি,
প্রভাত আলোয় ফোটে তাদের
মিষ্টি মধুর হাসি,
এই যে মাতাল শীতল হাওয়ায়
উদাস হয় যে মন,
এই যে সবুজ ধানের ক্ষেতে
জাগে শিহরণ,
এইখানেতেই আসছ তুমি
ফেলে রাঙা শ্রীচরণ,
এইখানেতে হবে তোমার
পূজার আয়োজন।

৩৫

পূজোর আনন্দ

আনন্দ -
পূজোর আনন্দ,
নতুন বই পেয়ে আনন্দ,
ঠাকুর দেখতে যাওয়ার আনন্দ,
সকালে ফুলের শোভা দেখার আনন্দ,
নীল আকাশে ভেসে চলা সাদা মেঘ দেখে আনন্দ,
শিউলি ফুলের ওপর দিয়ে হেঁটে চলার আনন্দ,
বন্ধুদের সাথে একসঙ্গে ঘোরার আনন্দ,
নতুন জামা প্যান্ট পরার আনন্দ,
ভোগ খাওয়ার আনন্দ,
ছুটির আনন্দ,
আনন্দ।

৩৬

আবেদন

এক একজন এক একরকম,

Not All are equal;

কেউ আছে যারা কম কথা বলে,

কেউ আবার Vocal;

বেশীরভাগই Physical, vital,

খুব কমই mental;

কেউ মুখ গোমড়া করে থাকে,

কেউ খুব Jovial;

কেউ বেশী মেলামেশা করে

কেউ আবার Unsocial;

In the advent of Durga Puja

Let us shun disharmony and become mutual.

৩৭

চিরসাথী

দুঃখের পথ ধরে চলতে চলতে
দুঃখেরে গিয়েছি ভুলে,
গভীর দুর্গম অন্ধকারের পথ ধরে চলি
অন্তরের আলো জ্বেলে।
এসেছে বজ্র, এসেছে তুফান,
রাত্রি কাটুক দুর্যোগের ঝড়ে,
আসুক দুঃসময়, তবু কাটুক
সময় সুখের স্বপ্ন ঘিরে।
আমার সকল চাওয়া হারিয়ে যাক্
তোমার চাওয়ার মাঝে,
তোমায় যেন চিনতে পারি
আমার সকল কাজে।

তুমি দিয়েছ দেখার দৃষ্টি,
তাই দেখেছি চক্ষু মেলে,
তুমি চিরসাথী জন, রয়েছ অনুক্ষণ
শূন্যে, জলে, স্থলে।

আজ যদি তোমার করুণার ধারা নাহি বর্ষিল,
জানি এ যে কাল বর্ষিবে,
আজ যদি কুসুমকলি নাহি ফুটিল
জানি এ যে কাল ফুটিবে।
তুমি যখন রয়েছ আমার কাছে
তখন তোমার কাজ তুমিই করিবে,
আমি ভেবে বৃথা, মনে পাই ব্যথা,
তোমার ভাবনা তুমিই ভাবিবে।

৩৮

নিবেদন

কোন্ শুভক্ষণে রৌদ্রকিরণে
 গভীর নিদ্রা হতে জাগিয়া,
ফুটিল যে ফুল সহস্র পাপড়ি মেলিয়া,
 ছড়াইয়া দিল আপনার দ্যুতি,
 জাগিল অন্তরে তার বিচিত্র অনুভূতি,
প্রকাশিল সবার মাঝে
 নিবেদিতে কল্যাণকাজে;
সেই ফুলখানি লয়ে
 শুদ্ধসত্ত্ব চিতে, ভক্তিভরে,
মাগো, তব চরণে করি নিবেদন।

৩৯

উত্তরণ

বিশ্বজুড়ে নিত্যকালের
জ্বলছে আলো,
সেই আলোকে নতুন করে
বাঁচতে দাও।
প্রাণের মাঝে গভীরলোকে
জ্বলছে আলো,
সেই আলোকে নতুন করে
বাঁচতে দাও।
গগন জুড়ে রবির আলো,
চাঁদের আলো, তারার আলো,
সেই আলোকে নতুন করে
বাঁচতে দাও।
ষড়রিপুর পুড়িয়ে দেওয়া
আগুন জ্বেলে,
সেই আলোকে নতুন করে
বাঁচতে দাও।
হৃদয়ে মোর সবার তরে

প্রেমের বহ্নি জ্বালো,
সেই আলোকে নতুন করে
বাঁচতে দাও।
গ্রীষ্মের এই দাবদাহে
প্রখর রবির তপ্ত আলো,
সেই আলোকে নতুন করে
বাঁচতে দাও।
শীতের দিনে তুষারগলা
আগুন জ্বেলে,
সেই আলোকে নতুন করে
বাঁচতে দাও।

৪০

দেবভূমি

যেথায় জ্বলিছে সূর্য, জ্ঞানের সূর্য,
মহাশক্তি জ্ঞানের আলোয় আলোকিত,
এ চরাচর বিশ্বের পারাবারে, মহাকাল হতে
জগত যেথায় হতেছে উদ্ভাসিত,
দেহ, মন, প্রাণের কঠিন আবরণ হয়নি মূর্ত,
সকলই রয়েছে মিলে একাকার,
ধূমায়িত নিম্নবৃত্তির জটিল জাল
যেথায় হয়নি বিস্তার,
ধুলি-ধুসরিত দূষিত বায়ুর উর্দ্ধে
উন্মুক্ত আকাশ রয়েছে ব্যাপী,
শূন্য এই হৃদয়খানি
স্নেহ-সুধারসে রয়েছে ভরি,
ক্ষুদ্র এ প্রাণ
বিশ্ব-প্রাণধারায় গিয়েছে মিলি,
যেথায় দেহ, মন, প্রাণের কারাগারে
জীবাত্মা নহে শৃঙ্খলিত;
যেথায় নাই দুঃখ, নাই জ্বালা,

শুধুই আনন্দ, শুধুই আনন্দ;
এই মৃত্যুময় জগতের ওপারে
উন্মুক্ত চেতনা ও বাধাহীন আনন্দের
সুউচ্চ সেই দেবভূমিতে
মাগো, কর জাগরিত।

৪১

তব মহিমা

অনন্তমহিমা তব
　　অনন্তজগত মাঝে,
অনন্তগুণ লয়ে
　　অনন্ত রূপে বিরাজে।
অনন্ত এই ব্রহ্মান্ড মাঝে
　　বিরাজিছে অনন্ত অনুক্ষণ,
অনন্তের মাঝে জাগে
　　অনন্ত প্রাণের স্পন্দন।
অনন্ত আনন্দ এই ধারা
　　ঝরিছে অনন্ত এই লোকে,
অনন্ত রূপরাজি তব
　　প্রকাশিছে অনন্ত আলোকে।
অনন্ত এই বিশ্বসংসারে
　　অপার মহিমা তব,
অনন্ত এই আলোর পরশে
　　জাগিছে ভাবনা নব নব।
অনন্তের আবাহনে মানব

ছুটিছে অনন্তের পানে,
মিলিছে অনন্তের সনে
নিবিড় আলিঙ্গনে।
অনন্ত রচিছে এই গীতি
অনন্ত ভাবনা দিয়া,
অনন্ত এই বাঁধন টুটি,
আমারে দিয়াছে অনন্তে মিশাইয়া।

৪২

প্রার্থনা

পৃথিবী অশান্ত,

কোথাও শান্তি নেই,

রাজনৈতিক, ধর্মীয় দলাদলি,

শোষণ, অত্যাচার, নির্দয়তা, ক্রুরতা,

আসুরিক শক্তির প্রাদুর্ভাবে আমাদের জীবন

হিংসা, বিদ্বেষ, ক্লীবতা, দুঃখ, যন্ত্রণা, জরা কবলিত;

স্বার্থান্বেষী মানুষ একে অপরের সঙ্গে সংঘাতে লিপ্ত।

পশুর থেকে যত না ভীত তার চেয়ে বেশী ভীত মানুষের থেকে,

নরখাদক দুর্বলের ওপর ঝাঁপিয়ে পড়ে নিজের জান্তব ক্ষুধা মেটায়।

তারপরে তার ছিন্নভিন্ন দেহটাকে ফেলে দেয় চুপিসারে, রাতের অন্ধকারে।

একশ্রেণীর মানুষের টাকা, প্রতিপত্তি, ক্ষমতা কোনটাই কম নয়,

কুবেরের ধন দিয়ে অনেককেই যায় কেনা,

কেউ ক্রীতদাস, চুপ থাকে, কেউ এগিয়ে আসে প্রতিবাদ করতে,

ক্যান্ডেল জ্বালিয়ে রাজপথ ধরে এগিয়ে চলে।

সবকিছু হেরে যায় প্রবল আসুরিক শক্তির কাছে।

হে প্রভু,
করো এই পৃথিবী কলঙ্কশূন্য
গড়ে তোলো এমন এক পৃথিবী,
যেখানে থাকবে না কোনো হিংসা, দলাদলি,
রেষারেষি, বিভেদ বৈষম্য, স্বার্থে স্বার্থে সংঘাত,
থাকবে ঐক্য, সংহতি, পারস্পরিকতা,
আর থাকবে শান্তি।

৪৩

প্রতীক্ষা

রাতের আঁধার ঘুচবে যখন
দিনের আলো ফুটবে,
তখন তুমি আসবে নেমে
রূপের ডালি সাজিয়ে।

আকাশ আলোয় ভরবে যখন
রঙের রেখায় মিশবে,
তখন তুমি আসবে নেমে
প্রাণের স্পন্দন জাগিয়ে।

চেতনার দ্বার খুলবে যখন
নূতন জীবন জাগবে,
তখন তুমি আসবে নেমে
সুখের প্রদীপ জ্বালিয়ে।

সহজ যখন কঠিনহবে
কর্ম যখন ধর্ম হবে,

তখন তুমি আসবে নেমে
  মিলনের সুর বাজিয়ে।

অজ্ঞানতার অন্ধকারে যখন
  জ্ঞানের আলো জ্বলবে,
তখন তুমি আসবে নেমে
  নূতন ভাবনা জাগিয়ে।

৪৪

জ্ঞান

জ্ঞান
কাকে বলে?
শুধু পড়াশোনাতে নয়,
নোট লেখাতেও হয় না,
সারাটা জীবন ধরেও হয় না,
হজম হয় না, বমি হয়ে যায় বেরিয়ে।
একবার হজম হলে,
জীবনের মানে যায় বদলে,
নূতন এক বন্ধ দুয়ার যায় খুলে,
সত্যের পথে, ন্যায়ের পথে নিয়ে চলে,
অজ্ঞানতার অন্ধকারে আলো ওঠে জ্বলে।

৪৫

বৃন্দাবনে

যেখানে বাজাও বাঁশি,
চরাও তোমার ধেনু,
গোঠে গোঠে রাখাল সাথে,
খেলে বেড়াও যমুনার তটে,
মা যশোদা খাইয়ে
দেয় সোহাগ ভরে,
যেখানে সবাই তোমার আপন,
কেউ তোমার নেইকো পর,
করেছ তোমার লীলা
এই মর্ত্য জগতে এসে,
সকল বিপদ আপদে তুমি
দাঁড়িয়েছ সবার পাশে,
একাই লড়েছ শত্রু সাথে,
শুনিয়েছ অভয় বাণী,
বেঁধেছ সবারে একসাথে
ভালোবাসার বন্ধনে।

এস, সেই বৃন্দাবনে যাই চলে
যেখানে আছে আনন্দ,
পথ চলার আনন্দ,
মন্দিরে মন্দির ঘোরার আনন্দ,
কৃষ্ণপ্রেমে মাতোয়ারা ভক্তদের সাথে
মিলে নামকীর্তনের আনন্দ।
আনন্দ ছাড়া আর কিছু নাই,
দুঃখ,তাপ, জরা, ব্যাধি,
শোক কিছুই নাই,
কোনো ভাবনা নাই,
প্রাণের বাসনা নাই,
শরীরের যাতনা নাই,
আনন্দের জগতে
চল ঘুরে বেড়াই।

৪৬

আনন্দ

তুমি আছ সকল সত্তা জুড়ে,
তাই আনন্দ।
তোমার গান শুনি নিত্য,
তাই আনন্দ।
তোমার স্নেহে ভরিয়ে রাখো,
তাই আনন্দ।
তোমার প্রসাদবারি ঝরে,
তাই আনন্দ।
অন্ধকারে তুমি জ্বালো আলো,
তাই আনন্দ।
সকল দুঃখ কষ্ট ভুলিয়ে দাও,
তাই আনন্দ।
মনের কালিমা দূর করে দাও,
তাই আনন্দ।
শুদ্ধ ভাবনায় মন ভরিয়ে তোলো
তাই আনন্দ।
সকল ক্লান্তি, অবসাদ দূর করে দাও,

তাই আনন্দ।
উৎসাহ জাগাও মনে প্রাণে,
তাই আনন্দ।
আনো শুদ্ধতা, অন্তরে ভক্তি,
তাই আনন্দ।
নিজেরে তোমার কাছে করি নিবেদন,
তাই আনন্দ।
ঘুম থেকে উঠে সূর্য আলোকে
দেখি তোমার মধুর হাসি
তাই আনন্দ।

৪৭

পরম সত্য

পরম সত্য
আছে চিরন্তন,
নিত্য অনন্ত চেতনা
সর্বব্যাপী জীবে নির্জীবে
বিরাজিছে মহাকাশে মহাবিশ্বে
সকল স্থানে ভিন্ন রূপে ভিন্ন ভাবে;
সূর্য গ্রহ চন্দ্র তারা চলেছে তার নির্দ্দেশে;
নেই কোনো ভেদাভেদ, অহংকার, বিভেদ,
সুখ দুঃখ, মান অপমানের আবিলতা,
স্বার্থের সংঘাত, নিম্নবৃত্তির দাসত্ব,
সংকীর্ণ ভাবনার দ্বারা কলুষিত;
আছে অহৈতুক ভালোবাসা
সবার প্রতি সমান করুণা,
তার সাথে আছি মিশে
অফুরন্ত আনন্দে
সোহম্।

শ্রদ্ধাঞ্জলি

৪৮

প্রণাম

শ্রীমা শ্রীঅরবিন্দ -
তোমাদের অপার করুণা
রয়েছে জগত ব্যাপিয়া,
মানুষের মুক্তিবিধাতা,
তোমাদের প্রণাম করি।

নিত্য বিরাজিছ অন্তর আসনে,
দেহ, মন, প্রাণে,
স্বপনে, জাগরণে,
তোমাদের প্রণাম করি।

এই ফুল-পল্লব-ধূপ-চন্দন
ভূষিত সজ্জা
তোমাদের সমাধিতলে
প্রণাম করি।

এই শান্ত-গম্ভীর-নীরব
মধুর পরিবেশ,
তোমায় প্রণাম করি।

এই সুখ-দুখ-বেদন
মানুষের ঐকান্তিক সমর্পণ
তোমায় প্রণাম করি।

এই অমৃত পিয়াসী
মোরা মানবযাত্রী,
তোমায় প্রণাম করি।
প্রণাম করি, প্রণাম করি।।

৪৯

অরবিন্দ চেতনার এক নাম

অরবিন্দ চেতনার এক নাম,
অরবিন্দ এই শব্দেই পুরে মনোস্কাম;
অরবিন্দ নামেই চেতনার দ্বার যায় খুলে,
অজ্ঞান অন্ধকারে চেতনার আলো ওঠে জ্বলে,
নূতন দিনে জেগে উঠি একই মন্ত্রে –
অরবিন্দ চেতনার এক নাম।

অরবিন্দ চেতনার এক নাম,
অরবিন্দ এই শব্দেই পুরে মনোস্কাম;
অরবিন্দ নামেই অবিরাম করুণার ধারা ঝরে,
দুঃখে ভারাক্রান্ত হৃদয় আনন্দে যায় ভরে,
একই মন্ত্র বারে বারে ওঠে চিতে –
অরবিন্দ চেতনার এক নাম।

অরবিন্দ চেতনার এক নাম,
অরবিন্দ এই শব্দেই পুরে মনোস্কাম;
অরবিন্দ নামেই উর্দ্ধ্বেরচেতনা আসে নামি,

মলিন দেহ, মন, প্রাণ যায় চুমি,
নূতন চেতনার আলোকে জেগে উঠি এই মন্ত্রে –
অরবিন্দ চেতনার এক নাম।

অরবিন্দ চেতনার এক নাম,
অরবিন্দ এই শব্দেই পুরে মনোষ্কাম;
অরবিন্দ নামেই সকল সংকটের অবসান,
জ্বলে নূতন আলো, নূতন শক্তি, নূতন জ্ঞান
এই মর্ত্যভূমিতে স্বর্গ আসে নামি এই মন্ত্রে –
অরবিন্দ চেতনার এক নাম।

৫০

নমস্কার

শ্রীঅরবিন্দ, তোমাকে নমি,
সকলের তরে কত যে যাতনা সহিলে তুমি।
চেয়েছিলে দেশের স্বাধীনতা,
ঘোচাতে দেশমাতার পরাধীনতার বেড়ি;
জেলের ক্ষুদ্র প্রকোষ্ঠে নির্দয় ইংরাজ
রেখেছিল তোমাকে বন্দী করি।
সহেছ কত দুঃখ যাতনা,
অমানুষিক অত্যাচার,
কোনকিছুতেই হওনি বিচলিত,
দেখেছি তোমায় নির্বিকার।
যাতনা তোমাকে দিয়েছিল
যাতনা সহিবার শক্তি,
অন্তরে অধিষ্ঠিত ভগবানের
প্রতি অবিচল ভক্তি।
তোমার চোখে দেখেছি স্বাধীনতার স্বপ্ন,
হৃদয়ে দেশজননীর প্রতি অকুণ্ঠ ভালবাসা।
দেশবাসীর মধ্যে জাগিয়েছিলে সাহস,

আর বুকভরা আশা,
জাগিয়েছিলে দেশপ্রেম,
মনুষত্ব আর আত্মবিশ্বাস,
দুঃখ যন্ত্রণার মধ্যেও
দিয়েছিলে আনন্দের আশ্বাস।
করেছিলে সকল দুঃখ জয়,
অনন্ত আত্মার সাথে
তোমার হয়েছিল পরিচয়;
উদ্বেলিত হয়েছিল প্রেমে
তোমার এই বিশাল হৃদয়।
পেয়েছিলে শাশ্বত পরমপুরুষের
চরণে আশ্রয়,
ভগবানের প্রিয়, সুদুর্লভ তুমি,
এই তোমার একমাত্র পরিচয়।
আমাদের কাছে মানুষ হিসাবে
তুমি অনেক বড়, ধরাছোঁয়ার বাহিরে,
দিয়েছ অনুপ্রেরণা,
দেখিয়েছিলে সুন্দরভাবে বাঁচার পথ।
অন্তরের কৃতজ্ঞতা জানাই
তোমাকে বিনীত নমস্কারে।

৫১১

শ্রীমা

তোমার চরণ ধরে আছি পড়ে মা,
চরণ ধরে সদাই যেন থাকি,
চক্ষু মুদে দেখতে যেন পাই,
হৃদয়েতে তোমায় ধরে রাখি।
চিদাকাশে নিত্য তোমার বাস,
আছ তুমি সকল সত্তা জুড়ে,
তুমি আছ নিত্য মোদের কাছে
বৃথা মোরা বেড়াই ঘুরে ঘুরে।
প্রাণের মাঝে জ্বালো, আগুন জ্বালো,
দুঃখ জরা যাক্ সকলই পুড়ে,
অন্তরে মোদের দিব্যদ্যুতির আলোয়,
আনন্দে আজ দিনখানি যাক্ ভরে।

৫২
মাতৃরূপী জাগো –

মহেশ্বরী, মহাকালী, মহালক্ষ্মী, মহাসরস্বতী
মাতৃরূপী জাগো;
আনন্দময়ী মা যে তুমি
সকল দুঃখ নাশো।
জগৎ জুড়ে তোমার লীলা
তুমিই জগত-ত্রাতা,
দুঃখ দৈন্য ধরার মাঝে
তুমিই অভয় দাতা।
তুমি মোদের চিরসাথী
আছ সকল সত্তা জুড়ে,
অখিল-বিশ্ব মাঝে বেড়াও
বিজয়-রথে চড়ে।
তুমি অপার শক্তিধারী,
অশুভ বিনাশকারী,
করুণার সিন্ধু তুমি,
করো করুণা করো দান,
চেতনাময় তুমি,
করো চেতনা করো দান।

৫৩

মায়ের আশীষ

মা আছেন সদাই সাথে,
তিনিই আমাদের একমাত্র আশ্রয়,
বাধাবিঘ্ন আসুক যতই কাছে,
কোনো কিছুতেই করিনাকো ভয়।
মায়ের কাছে রাখি খুলে,
আর কিছুতেই নয়,
মায়ের আশীষ পড়বে ঝরে,
তাতে নেই কোনো সংশয়।

৫৪

মায়ের পরশ

মা, ছোটবেলা থেকেই
মা বলে তোমায় জেনেছি,
বিপদ যখন এসেছে জীবনে,
মাগো, তোমার ওপরেই নির্ভর করেছি,
কান্না যখন বাস্প হয়ে করেছে কণ্ঠ রোধ,
তখন শুধু তোমাকেই ডেকেছি,
দুঃখের দিনগুলোতে অন্তরের অন্তঃস্থলে
তোমার আশ্বাসবাণী শুনেছি,
বারে বারে ফিরে এসে তোমার
কোমল স্নেহের পরশ পেয়েছি,
দুর্গম পথে যখন হারিয়েছি পথ,
তখন আকুল স্বরে তোমায় ডেকেছি,
চিরসাথী তুমি, তোমার দিব্য আলোয়
অন্ধকার থেকে বেরোনোর পথ খুঁজে পেয়েছি,
মনের মাঝারে উঠেছে যখন ফুটে
তখন তোমার কথাই লিখেছি,
তুমি আমার একান্ত আপন মাগো,
তোমাকে ভালোবেসেছি।

৫৫

মায়ের ভালোবাসা

মায়ের এক জগত আছে,
সেখানে আছে শুধু ভালোবাসা;
নেই ঝগড়া বিবাদ,
আছে শুধু ভালোবাসা;
নেই কামনা, বাসনা,
আছে শুধু ভালোবাসা;
নেই হিংসা, স্বার্থপরতা,
আছে শুধু ভালোবাসা;
নেই ব্যথা, বেদনা,
আছে শুধু ভালোবাসা;
যখন মায়ের জগতে থাকি
দেখি সেখানে সবটাই ভালোবাসা।

৫৬

নৈবেদ্য

আমি আপনারে করি নিবেদন;

দেহ, মন, প্রাণ করি নিবেদন।

আমার যা কিছু আছে করি নিবেদন।

সকল দুঃখ,বেদনা, যাতনা,

সকল অনুভূতি করি নিবেদন।

সকল কর্ম, ইচ্ছা-অনিচ্ছা,

পছন্দ-অপছন্দ করি নিবেদন।

আমার সকল সংস্কার, ভাবনা,

নিজের বলে জেনেছি যা কিছু

তাই করি নিবেদন।

তোমার থেকে পাওয়া তোমার সম্পদ

তোমাকেই করি প্রত্যার্পন।

রিক্ত করি আপনারে

তোমাকে করি নিবেদন।

কথা যখন আপনি আসে

সাজাই তারে যতনভরে,
সুর ছন্দের সেই কবিতা
তোমাকেই করি নিবেদন।
এই জীবনে সার্থক করো
তোমার চরণে আমার নিবেদন।

৫৭
আহ্বান -

হে মহাশক্তি -

এস তামসিকতার অন্ধকার ভেদিয়া,
ঘন কুয়াশার জাল টুটিয়া,
বিশ্বপ্রাণের আকুতির মাঝে ওঠো জাগিয়া,
আলো দাও, জগতের কোনে কোনে
আলোতে দাও ভরিয়া।

দাও দিব্যজ্ঞান; জ্ঞানের আলো দাও জ্বালিয়া,
আনন্দের সুরে ওঠো গাহিয়া,
এই জগতে বাস করি নিত্য তোমায় স্মরিয়া,
অন্তরে বাহিরে মাগো,
তোমার করুণার ধারায় দাও প্লাবিয়া।

যদি না জাগে চেতন,
ঘুমে থাকি যদি অচেতন,
রাখি যদি দ্বার রুদ্ধ করি,

তবে বন্ধ দ্বারখানি টুটিয়া,
আপন ঐশ্চর্যে আপনারে দাও মেলিয়া।

যদি বাসনায় নিমজ্জিত রহে মন,
তোমাকে করিতে না পারে স্মরণ,
বিষয় ভাবনায় নিত্য থাকি ডুবে,
তবে মনের মালিন্য দূর করি
সুক্ষ্ম অনুভুতির মাঝে ওঠো জাগিয়া।

৫৮

মায়ের চেতনা

মাগো,
তোমার দিব্যচেতনা আসুক নেমে
পৃথিবীর 'পরে,
শান্তির বারি অবিশ্রান্তধারায়
পড়ুক ঝরে,
রোগ দুঃখ যন্ত্রণার আজ
হোক অবসান,
আনন্দে ভরিয়ে তোলো
এই দেহ, মন, প্রাণ।

৫৯

জগতজননী মা

মা

মিষ্টি মা,

জগতের মা,

সর্ব ভূতের মা,

অসহায় জনের মা,

এই চরাচর জগতের মা,

সতের মা আবার অসতেরও মা,

ডানপিটে দস্যির মা, শান্তশিষ্টের মা,

স্নেহময়ী, করুনাময়ী, অভয়দায়িনী মা....

৬০

মিষ্টি মা

মনের গহনে দিয়ো
জ্ঞানের প্রদীপ জ্বালিয়া,
প্রাণের মাঝে হরষে
ওঠোগো জাগিয়া,
জগতে পড়ুক তোমার
প্রসাদবারি ঝরিয়া।
আমার কথা আমার চেয়ে
বেশী জানো,
সেই কথাযে জানি;
বসে আছি দিবা রাতি
শুনব বলে,
শুনব তোমার বাণী।

৬১

ঠাকুর রামকৃষ্ণ

ঠাকুর রামকৃষ্ণ,
জগৎ জুড়ে তোমার খ্যাতি, তোমার সম্মান,
এ অনিত্য জগতে নেমে আসি
শুনিয়েছ নিত্য জগতের গান।
ভোগ, কামনা, বাসনা, মিথ্যা অহংকারের
অন্ধকারে জ্বালিয়েছ জ্ঞানের আলো;
শিখিয়েছ অসহায় অচ্ছুতজনেরে
কেমনে বাসিতে হয় ভালো।
ঠাকুর রামকৃষ্ণ,
তুমি আমাদের দেখিয়েছ দিশা।
তোমার নির্দেশিত পথ ধরে পারি যেন যেতে
অসত্যের মাঝে সত্যেরে চিনে নিতে।
ঘুচুক স্বার্থপরতার গ্লানি,
সবার তরে হৃদয় হতে
উৎসারিত হোক্ ভালবাসার বাণী।
ঠাকুর রামকৃষ্ণ পরমহংস –
তোমার চরণে বারংবার
অবনত মস্তকে জানাই নমস্কার।

৬২

আমাদের কবি রবীন্দ্রনাথ

কবি, তোমার সঙ্গে আমার দেখা হয়নি,
তোমার মৃত্যু আর আমার জন্মের মাঝে
বেশ কয়েকবছরের ব্যবধান।
শুধু জেনেছি তোমার কথা, তোমার জীবনদর্শন,
ছোটবেলা থেকে শুনে আসছি
তোমার সুরে তোমারই গান।

আদিম অরণ্যের জীবন থেকে মুক্তি পেয়ে
মানুষ গড়েছে আধুনিক সভ্যতা,
তবু এখনও অনেক কিছু হয়নি শেখা,
মানুষের মাঝে খুঁজে বেড়াই মানবিকতা।

দেবতার দূত হয়ে এসেছিলে তুমি
বিশ্বেরে শোনাতে অমৃতবাণী,
এ নশ্বর জড় জগতে
অমৃতের সন্ধান দিলে আনি।
তবু জাগেনি ঘুমে অচেতন মানুষ,

অমৃত ছেড়ে তারা বিষ করছে পান,
আজও পুরোনো অভ্যাসে আবদ্ধ তারা,
পায়নি নতুন জীবনের সন্ধান।
ধন, সম্পদ, প্রাচুর্য, জৈবিক আনন্দের
মধ্যে কাটে তাদের জীবন,
ঘোচেনি মোহের আবরণ;
শাশ্বত, পরমসত্য, ঐক্যের
আনন্দলোকের মঙ্গলালোকের
দ্বার হয়নি উন্মোচন।

দেখেছিলে স্বার্থের সংঘাত আর বলেছিলে,
"স্বার্থমগ্ন যে জন বিমুখ বৃহৎ জগৎ হতে,
সে কখনও শেখেনি বাঁচিতে।"
দেখেছিলে হিংসায় উন্মত্ত পৃথিবী, নিত্য নিঠুর দ্বন্দ্ব,
তাই অহিংসার বাণী শুনিয়ে চেয়েছিলে
সকল ব্যবধান ঘুচিয়ে মৈত্রের বন্ধন রচিতে।
দেখেছিলে শিক্ষিত অশিক্ষিত মানুষের
বুদ্ধিবৃত্তির সঙ্গে জাগেনি পাষাণ-হৃদয়,
আর বলেছিলে,
"মোর নাম এই বলে খ্যাত হোক্
আমি তোমাদেরই লোক,
এই মোর শেষ পরিচয়।"

রাজনৈতিক, ধর্মীয় দলাদলি,
পারস্পরিক ভেদাভেদ,
শোষণ, অত্যাচার, নির্দয়,
ক্রূর আসুরিক শক্তির প্রাদুর্ভাবে
আমাদের জীবন এখনও দুঃখ
যন্ত্রণা, জরা কবলিত;
তবুও তোমার আশ্বাসবাণী –
"এ আবরণ ক্ষয় হবে গো ক্ষয় হবে
এদেহ মন ভুমানন্দময় হবে,"
আমাদের প্রতি ঘরে ঘরে
নিত্য দিন হোক্ গীত
প্রতি ক্ষণে ক্ষণে,
কাজে কর্মে, আচার আচরণে।

৬৩

জয়তু নেতাজী

নেতাজী তুমি নেই -
তবুও তোমার নামে কত কথা,
কত লেখা, কত ভাবনা, কত বিস্ময়।
তোমার নামে এখনও
ক্লাবে ক্লাবে ব্যাণ্ডের সাথে
প্রভাতফেরি বের হয়।
জাতীয় পতাকার তলে দাঁড়িয়ে
আমরা শপথ নিই,
তোমার আদর্শ যেন
আমাদের জীবনে ফুটিয়ে তুলি,
তোমার বীরত্ব, শৌর্য
তোমার আত্মত্যাগের ইতিহাস
যেন কখনও না ভুলি।
তবুও আজ তোমার নীতির
কোন প্রতিফলন নেই আমাদের জীবনে,
হিংসা, লোভ, ভেদাভেদ, কপটতা,
অসাধুতা, ক্রুরতা, নারী নির্যাতন,

ঢুকে আছে আমাদের সমাজের কোণে কোণে,
আমাদের অবচেতন মনে।
নেতাজী তুমি ফিরে এস, –
ফিরে এস আমাদের মনে, সংকল্পে,
আমাদের শ্রদ্ধায়, ভালবাসায় –
দূর করে দাও অন্ধকার, অজ্ঞানতা,
এই পবিত্র ভারতভূমিতে ফিরে এস,
করে দাও শ্রেষ্ঠ আসন তার জগৎ সভায়।

৬৪

তোমারে স্মরি

তোমারে বেসেছি ভালো,
    আমার ঘরে জ্বেলেছিলে আলো,
রৌদ্র আলোকে বিকশিত
    ফুলের মত হাসি ছড়িয়ে,
এখনও তুমি আমার
    সামনে রয়েছ দাঁড়িয়ে।

সুখের দিনগুলির ছবি
    তোমার চোখের তারায় কাঁপছে,
টেবিলের ওপর রাখা তোমার
    মোবাইলের রিংটোন আগের মতই বাজছে।

নিশুতি রাতে সবার অলক্ষ্যে
        এসেছিলে চুপিচুপি,
ওষ্ঠ তোমার উঠেছিল কাঁপি,
আর বলেছিলে,
‘‘আমার শরীরে অসংখ্য ছিদ্র

শোণিতের পথ হয়েছে রুদ্ধ,
তোমরা শুধুই দিয়েছ যন্ত্রণা,
ব্যাধি মোর হয়নিকো নিরাময়,
এখানে কেউ নিষ্ঠুর নয়,
আমি ভালো আছি।’’

৬৫
একাকী

আনন্দে কাটিয়ে দিন
　একাকী বসে নিঃসঙ্গীন,
বিরসবদনে সন্ধ্যাগগনে
　প্রকৃতি কি আঁকিছে আনমনে।

অন্ধকার আসিছে নামি,
　বাতাস গিয়েছে যে থামি,
ফুল ফোটানোর কাজ ভুলি
　তরুলতা লুটিছে ধুলি পরে।

তুমি চলে গেছ আজ,
　হয়নিকো গৃহকাজ,
আমার বিজন ঘরে জ্বলেনিকো আলো,
শূন্য এ দেহ, মন, প্রাণ,
কিছুই লাগে না যে ভালো।

আজ তুমি ঘুমোও, আমি জেগে রই;
　ছিলে তুমি সরব, আজ তুমি নীরব।

কিছু নাহি জানি,
শুধু জানি, তোমার অলিখিত বাণী
আমার গহন মনের প্রকোষ্ঠে
যত্নভরে রবে চিরদিন,
বাইরে না থেকেও জানি
অন্তরে হবে না বিলীন।

আজ তুমি শুনিবে না বিহঙ্গের গান,
দেখিবে না ভোরের সূর্যোদয়,
অপরের যাতনা স্পর্শিবে না তোমায়,
জাগিবে না উদার হৃদয়।
তুমি করোনি কারোর ক্ষতি,
তাই দেখেছি সবার মাঝে
তোমার সম্যক উপস্থিতি।
অনাথ, আতুর, দুঃখীর তরে
তুমি বাড়িয়ে দিয়েছিলে অকৃপণ হাত,
পেয়েছিলে সবার আশীর্বাদ।

আজ নির্জন ঘরের কোণে
তোমার অনুপস্থিতি অন্তরে মোর বাজে।
সিক্ত হয়ে আসে আঁখি,
ঝরে অশ্রুধারা,
তুমি নাই, তবু আছ,
তোমার অস্তিত্ব হয়নি যে হারা।

৬৬

তোমার সুর ভেসে আসে

তোমার সুর ভেসে আসে
আকাশে বাতাসে,
মেঘের গর্জনে, বিদ্যুৎ চমকে,
অন্ধকার বিদীর্ণ করে,
ভাঙা কাঁচের শার্সি ভেদ করে
'মা পা নি ধা নি রে',
দাঁড়িয়ে থাকতে তুমি জানলার কিনারে।
বন্ধ করে দিয়ে
আমি উঠে চলে যাই,
যেন শুনতে নাহি পাই।
তোমার চলে যাওয়ার সাথে
ফুরিয়েছে সব, হাসি কলরব;
হারিয়ে গেছে মধুর গীতি,
পুরোনো দিনের কত স্মৃতি।
এখনও চন্দ্র সূর্য ওঠে,
পাখীরা গান গায়, ফুল ফোটে।
রৌদ্র আলোকে বিকশিত

ফুলের মতো হাসি ছড়ায়ে,
এখনও তুমি আমার
সামনে রয়েছ দাঁড়িয়ে।

৬৭

প্রিয়তমা

নিরুপমা,

তোমার কথা মনে আসে,

এখনো পারিনি তোমায় জানতে,

কখনো হাসিমুখ, কখনো দেখি কাঁদতে,

কখনো সোহাগিনী, কখনো গোমড়া হয়ে থাকতে,

কখনো অনর্গল কথা, কখনো চুপ করে বসে থাকতে,

কখনো শরতের আকাশ, কখনো বর্ষার ছবি আঁকতে,

কখনো সহজ সরল, কখনো জটিল পথ ধরে চলতে,

কখনো নিশ্চিন্ত, কখনো দুঃশ্চিন্তার পাহাড় গড়তে,

কখনো ফুটে উঠতে, কখনো মুসড়ে পড়তে,

কখনো অনাবৃত, কখনো মাস্ক পড়তে,

এখনো পারিনি তোমায় জানতে,

আমার মধ্যে আছ মিশে

প্রিয়তমা।

৬৮

মা

আমার এক মা ছিল;
তারই লালন পালনে হয়েছি বড়,
চোখের জ্যোতি বাড়বে বলে
ভাতের সাথে দিত মৌড়লা মাছের মুড়ো।

প্রতি বৃহস্পতিবার সন্ধ্যায়
প্রদীপ জ্বেলে শোনাত লক্ষ্মীর পাঁচালী,
রাত্রে রুটির সাথে দিত
খেঁজুরের গুড় কিংবা তালের পাটালি।

মায়ের মুখে কোন দিন গান শুনিনি,
তবে শুনেছি অনেক ছড়া,
দোষত্রুটি তার যাই থাকুক,
অন্তর ছিল স্নেহ মমতায় ভরা।

মা সেলাই করে দিত ছেঁড়া জামা প্যান্ট –
পুরোনো চাদর দিয়ে বুনত নক্সা কাঁথা

গায়ে হাত বুলিয়ে দিত, আরাম হতো,
ভুলে যেতাম হাতে পায়ের ব্যথা।

মাতে বাবাতে খিটিমিটি লেগেই থাকত,
অশান্তি গ্রাস করত আমাদের সংসারটিকে বারে বারে,
সবকিছু ভুলিয়ে দিত বিজয়া দশমীর দিন,
বাবাকে মায়ের ভুলুণ্ঠিত নমস্কারে।

মা একদিন সংসারের মায়া কাটিয়ে
আমাদের ছেড়ে চলে গেল।
মনে পড়ে মায়ের সাবধান বাণী, –
''সাবধানে থাকিস্, সাবধানে চলিস্ ,''।
আমাদের সাবধান করে দিয়ে
অসাবধানতার শিকার হয়ে মা চলে গেল।

উপনিষদের ঋষির আপ্তবাণী –
''অসতোমাসদগময় তমসামাজ্যোতির্গময়
মৃত্যুর্মাঅমৃতমগময়।''
কিন্তু মৃত্যুই শেষ কথা নয়।
মা, তুমি যেখানেই থাকো,
আনন্দে থেকো, আমরা ভালো আছি।

৬৯

শহীদ ক্ষুদিরাম বসু

জ্বর জ্বালা নেই,তবু হলো মৃত্যু;
জীবনের শৈশব কাটেনি, তবু হলো মৃত্যু;
দেশকে স্বাধীন করার স্বপ্ন দেখেছিলে;
তাই হলো মৃত্যু;
দেশকে ভালোবেসেছিলে,
তারই প্রতিদানে হলো মৃত্যু;
ব্রিটিশ শাসকের নির্দয়তার ফলে
হলো তোমার মৃত্যু;
আজও দেশের মানুষদের প্রেরণা জাগায়
তোমার মৃত্যু।

৭০

প্রীতিলতা

চোখে দেখিনি,
চোখ বুজলেই দেখতে পাই,
মুক্তিসংগ্রামে ঝাঁপিয়ে পড়া
বিপ্লবীদের আত্মবলিদান।
দেখি রক্তঝরা সংগ্রামে
তাদের নিবেদিত প্রাণ।
''ফাঁসির মঞ্চে গেয়ে গেল
যারা জীবনের জয়গান'',
ক্ষুদিরাম, কানাইলাল, সূর্যসেন, ভগৎ সিং
কিংবা বিপ্লবীদের কালাপানির দেশে দীপান্তর।
নতিস্বীকার করেনি তারা কখনো;
ভয়ে পিছিয়ে যাওয়া নয়।
চোখ বুজলে দেখি শত্রুবেষ্টিত
প্রীতিলতার বিষপান করে
মৃত্যুকে বরণ করার দৃশ্য।
সে সব ইতিহাস –
তাদের আদর্শ মানুষ গিয়েছে ভুলে;

ভগ্নপ্রায় স্মৃতিফলক

পড়ে আছে লোকচক্ষুর আড়ালে।

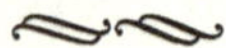

২৪শে সেপ্টেম্বর ছিল প্রীতিলতা ওয়াদ্দেদারের শহীদ হওয়ার দিন। ব্রিটিশ শাসনের বিরুদ্ধে স্বাধীনতা সংগ্রামে তিনিই ছিলেন প্রথম নারী-শহীদ। শত্রুপরিবেষ্টিত অবস্থায় তিনি পটাসিয়াম সায়ানাইড খেয়ে মৃত্যুবরণ করেন। এইরকম ত্যাগ স্বীকার করার ক্ষমতা ও সাহস কোনোটাই এখন মানুষের মধ্যে নেই বললেই চলে। আমরা এইসব ঘটনার কথা ভুলে গেছি, অথচ এঁদের জন্যেই আমরা স্বাধীন হয়েছি, পরাধীনতার দাসত্ব থেকে মুক্তি পেয়েছি, স্বাধীনভাবে বসবাস করছি। কোটি কোটি প্রণাম এই বীরাঙ্গনা নারীকে।

৭১

সৌমিত্র স্মরণে

ফেলুদা,
সত্যজিৎ রায়ের উপন্যাসের
কাল্পনিক চরিত্র;
সে তো তুমি নও,
এসব নয় তোমার আসল পরিচয়,
করেছ শুধু অভিনয়।
অভিনয়ের গুণেই
সকলের মন করেছ জয়;
তোমার বিরহে তাই
শোকাহত সবার হৃদয়।

৭২

হেমন্ত স্মরণে

শেষ বিদায়কালে,
তব সুরগাথা লিখে গেলে
অস্তমিত রাঙা সূর্যের ভালে।

নিত্য এই উষালগনে,
উদিত রবির শাশ্বত কিরণে,
চিরজীবিত তুমি এই বিশ্বভুবনে।

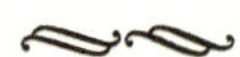

দেশ

৭৩

ভারতবাসী

হে ভারতবাসী,
দরিদ্র ভারতবাসী,
নিরন্ন বুভুক্ষু ভারতবাসী,
সমস্যাজর্জরিত ভারতবাসী,
জীবনসংগ্রামে দীর্ণ ভারতবাসী,
হতাশাক্লিষ্ট বেদনাহত ভারতবাসী,
শোষিত নিপীড়িত ভারতবাসী,
আসমুদ্রহিমাচলে অধিবাসী
আপামর ভারতবাসী,
তোমায় ভালোবাসি।

৭৪

ভারত

ভারত
আমাদের ভারত,
বিভিন্ন ধর্ম, সম্প্রদায়ের
সম্মিলিত ঐক্যে প্রতিষ্ঠিত ভারত,
নানা ভাষা, নানা মত, নানা পরিধানের ভারত,
নির্ভীকচিত্ত বিপ্লবীদের আত্মবলিদানের এই ভারত,
সত্যদ্রষ্টা মুনিঋষিদের পদধুলিতে ধন্য পবিত্র এই ভারত,
নেতাজী, রবীন্দ্রনাথ, বিবেকানন্দ, শ্রীঅরবিন্দ, গান্ধীজীর এই ভারত,
শত্রুবেষ্টিত দেশের সীমান্তে দেশভক্ত অতন্দ্র সৈনিকদের এই ভারত,
সকল জাতির মধ্যে মাথা উঁচু করে দাঁড়িয়ে থাকা এই ভারত,
''স্বর্গাদপি গরীয়সী'' আমাদের প্রিয় জন্মভূমি এই ভারত,
একশ চল্লিশ কোটি বসবাসকারী জনগনের এই ভারত,
''একম্ সদ্‌বিপ্রা বহুদা বদন্তি'' এই ভারত,
''জন গণ মন অধিনায়ক'' এই ভারত,
ঐক্য, সাম্য, মৈত্রী করুণার
সংহত শক্তিশালী
এই ভারত।

৭৫

বিচিত্র এই দেশ

বিচিত্র মানুষ, বিচিত্র তার বেশ,
বিচিত্র এই দেশ, বিচিত্র পরিবেশ।
দেশ একটাই, কিন্তু মানুষ ভিন্ন,
কেউ ভজে কৃষ্ণ, কেউ বা রাম।
দেশ একটাই, কিন্তু পার্টি ভিন্ন,
কেউ ডানপন্থী, কেউ বা বাম।
কেউ বলে মানি না ঈশ্বর, ধর্ম,
মানুষই একমাত্র সত্য, সবাই সমান;
কেউ বলে জীব বলো, নির্জীব বলো,
সবার মধ্যেই আছেন ভগবান।

৭৬

শুভকামনা

নতুন দিনে
ঘুম থেকে উঠি জেগে
কত লোকের কত শুভেচ্ছা আসে,
পড়তে ভালো লাগে,
জেগে উঠি এক নতুন আবেগে।
সত্যিই তো কেউ নয় পর, সবাই আপনার,
যতই থাকুক হিংসা, ভেদেভেদ,
বাঁধা পড়ে আছি ভালোবাসা স্নেহের বন্ধনে,
শুভকামনা জানাই সর্বজনে।

৭৭

জন্মদিন

হাসি খুশী আর
আনন্দেতে ভরে উঠুক
তোমার জন্মদিন।

হিংসা, দ্বেষ নেইকো আর,
ঘুচুক সকল অন্ধকার,
রৌদ্র আলোয় আলোকিত
তোমার জন্মদিন।

গভীর গহন অন্তর হতে
অজানা এক বাণী বাইরে এসে
সকল সত্তা ভরিয়ে দিক আনন্দেতে,
তোমার জন্মদিন।

জীবনের এই চলার পথে,
বিশ্বপিতার আশীর্বাদে,
ধন্য হোক্ বারে বারে ফিরে আসা
তোমার জন্মদিন।

৭৮

ভোর

ভোর -
উদিত সূর্য;
তার সোনালী আলো
সারা আকাশে পরিব্যপ্ত;
ধরিত্রীর স্নেহসুধায় ধন্য বিটপী
ফুলে ফলে বিকশিত;
পাখীর কলকাকলিতে চারিদিক মুখরিত;
স্নিগ্ধ বাতাস বয়ে নিয়ে আনে ফুলের সুবাস;
মধুমক্ষিকা ফুলের মধু আহরণের জন্য
উড়ে বেড়ায় এদিকে ওদিকে;
প্রকৃতি তার রূপের মাধুর্য্য
ঢেলে দিয়েছে উজার করে;
সর্বত্র ছড়িয়ে আছে তার
দিব্য-করুণার স্পর্শ;
তার স্পর্শে জেগে
উঠি আজ
আনন্দে;
ভোর।

৭৯

মিলন উৎসবে

এমন দিনটি আসুক ফিরে
বারে বারে,
রাতের অন্ধকারে
রঙীন স্বপ্ন ঘিরে;
ক্ষণিক বিরহের অবসানে
মধুর মিলনের উৎসবে,
শুষ্ক রুক্ষ বাতাবরণে
বিকশিত ফুলের সৌরভে।

এমন দিনটি আসুক ফিরে
বারে বারে,
জীবনের মায়ার আবর্তনে
শাশ্বত সত্যের পথ ধরে;
অশান্ত কর্ম কোলাহল মাঝে
শান্ত-উদার-গভীর নীরবে,
গড্ডালিকার স্রোতের মাঝে
আত্মমর্যাদার গৌরবে।

৮০

সকালের শুভেচ্ছা

তোমাদের দেহের সকল কোষ, স্নায়ু
সঞ্জীবিত হোক্ প্রভাতসূর্যের আলোয়।
শ্বাসপ্রশ্বাস, বার্তালাপ, সকল কর্ম
আলোকিত হোক্ প্রভাতসূর্যের আলোয়।
মনের ভাবনা, হৃদয়ের অনুভুতি
দীপ্ত হোক্ প্রভাতসূর্যের আলোয়।
অবসাদগ্রস্থ মন, দেহের সকল অঙ্গপ্রত্যঙ্গ
ভরে উঠুক আনন্দে প্রভাতসূর্যের আলোয়।

৮১

শুভেচ্ছা

রক্তপাত নয়, হিংসা নয়,
ভালোবাসার হোক জয়;
বাসনাতাড়িত ভ্রষ্টবুদ্ধি নয়,
চাই প্রশস্ত হৃদয়;
মিথ্যা, প্রবঞ্চনা, শঠতা নয়,
সত্যের হোক জয়;
কেউ ছোট, কেউ বড় নয়,
জগতে সবাই চেতনাময়;
কাম, ক্রোধ, শোক, দুঃখ নয়;
দ্বৈত জীবন হোক আনন্দময়।

৮২

শান্তির পরিবেশ

যুদ্ধ নয়, শান্তি চাই;
বিভেদ নয়, ঐক্য চাই:
রেষারেষি নয়, সহযোগিতা চাই;
লড়াই ঝগড়া নয়, মিলেমিশে থাকতে চাই:
পরাধীনতার দাসত্ব নয়, একে অপরের পাশে থাকতে চাই;
হানাহানি, খুনোখুনি নয়, পরস্পরের মধ্যে সদ্ভাব চাই;
সকলের মিলিত প্রচেষ্টায় এই পৃথিবীতে
শান্তির পরিবেশ গড়তে চাই।

৮৩

স্বপ্নের দিন

স্বপ্নের দিনগুলো গেছে চলে,
আজও নতুন করে স্বপ্ন দেখি,
স্বপ্নের দিনগুলোর ছবি এঁকেছি বার বার,
আজও স্বপ্নের ছবি আঁকি,
স্বপ্নের ভালোবাসা ছিল একদিন,
আজও স্বপ্ন দেখতে ভালোবাসি,
যাকে ঘিরে রচেছি স্বপ্ন,
আজও দেখি তার মুখের হাসি।
দেখি আগামীদিনের স্বপ্নের পৃথিবী,
লড়াই, হিংসা, দলাদলি, রেষারেষি নয়,
শুধুই ঐক্য, পারস্পরিকতা, সংহতি,
স্বপ্ন তুমি অলীক নও,
ফুটে ওঠো তুমি আঁখির সমুখে,
বিগত দিনের রাত্রির অবসানে,
নতুন দিনের সূর্যের আলোকে।

৮৪

নতুন যুগের ভোরে

অন্তরের আনন্দেতে দুঃখ জ্বালা
যাক সকলই দূরে,
সূর্যের আলোয় কাটুক অবসাদ
নতুন যুগের ভোরে

৮৫

সতীর্থ

বন্ধু হয়ে এস তোমরা
বাড়াও তোমাদের হাত,
সত্যের পথে, ন্যায়ের পথে
আমরা চলব একসাথ।
যতই থাকুক বাধা পথে,
তারে বাধা না মানি,
বিশ্বপিতা আসেন সদাই
অমৃত যে তাঁর বাণী।

৮৬

পথচলা

আনন্দে আজ জাগতে হবে,
জীবনজ্যোতি জ্বালতে হবে,
প্রীতির বাঁধনে বাঁধতে হবে,
মলিনতা দূর করতে হবে,
আশার গীতি গাইতে হবে,
শান্তির পথে চলতে হবে।

জীবনে যতই থাকুক পাপ, অনাচার,
সত্যের পথ নিরন্তর আছে খোলা,
সবকিছু উপেক্ষা করে চিরন্তন এই পথে
নিরন্তর পথ চলা।

প্রেম ও বিরহ

৮৭

প্রেম

প্রেম চিরন্তন,
আগেও যেমন ছিল, এখনও তেমন,
কোথায় লুকিয়ে থাকে কে জানে,
ভেসে আসে বসন্তের দখিন পবনে।
এই প্রেমে কোনো বঞ্চনা নয়,
মন নিয়ে ছিনিমিনি খেলা নয়,
কি পেলাম, কি পেলাম না
তাই নিয়ে মন বিব্রত হয় না,
কাম, ক্রোধ, লোভ, স্বার্থ, বিরোধ
সবকিছু যায় দূরে সরে,
স্নেহ, ভালোবাসার আনন্দে অন্তর যায় ভরে।
যে আসে সে যায় চলে,
থেকে যায় তার প্রেম।
আমার প্রেম হয়নি অসত্য,
বিচ্ছুরিত হতেছে নিত্য

হিংসা, লোভ, লালসার অন্তরালে;
যদিও দুঃখ ভরা বক্ষে,
অশ্রু ঝরিছে চক্ষে,
আঁকা আছে সোহাগ চুম্বন তব গালে।

৮৮

প্রেমের ফাঁদ পাতা আছে ভুবনে

প্রেমের ফাঁদ পাতা আছে ভুবনে;
চাই বা না চাই পড়ে আছি তারই বাঁধনে।

গেল চলে সে সলাজ হাসি হেসে,
বেণী দুলিয়ে কানের দুই পাশে।
মন আমার দেখতে তাকে চায়;
ধরা সে নাহি দেয়, সে পালিয়ে বেড়ায়।

বৃষ্টিতে ছাতা মাথায় দিয়ে চলে,
দাঁড়িয়ে থাকে সে ভেজা এলোচুলে,
ভিজলে তাকে খুব সুন্দর দেখায়,
ধরা সে নাহি দেয়, সে পালিয়ে বেড়ায়।

বন্ধুদের সাথে সে এক্কা দোক্কা খেলে,
নেই কোনো সাজের বাহার, বেড়ায় অবহেলে;
কলসী নিয়ে নদীতে সে জল আনতে যায়,
ধরা সে নাহি দেয়, সে পালিয়ে বেড়ায়।

তার গান শুনতে পাই সকালে আর সাঁঝে,
সুরগুলো তার বাজে আমার হৃদয় মাঝে।
ডাগর চোখে সে এদিক ওদিক চায়;
ধরা সে নাহি দেয়, সে পালিয়ে বেড়ায়।

রাত্রিতে স্বপ্নে তাকে দেখতে আমি পাই,
জানি না তাকে, মনে মনে তাকেই আমি চাই।
গাছের দোলায় বসে সে দোল খায়,
ধরা সে নাহি দেয়, সে পালিয়ে বেড়ায়।

৮৯

ঠিক তোমারই মতো

এখনও হয়নি আঁধার,
সূর্য তার শেষরশ্মি ফেলে
অস্ত গেছে দিকচক্রবালে;
একাকী পথচারী কোনো দাঁড়িয়ে
পথের ধারে ব্রীজের ওপরে,
ঠিক তোমারই মতো।

তোমার গাছেতে ফুটে আছে ফুল
গোলাপ পাপড়ি মেলে
রৌদ্রকরোজ্জ্বল দিনে
দেখেছি তার মিষ্টি মধুর হাসি,
ঠিক তোমারই মতো।

বসন্তের এই জ্যোৎস্নাপুলকিত রাতে
আধফোটা কামিনী ফুল
আকাশের দিকে চেয়ে আছে;
শীতল বাতাসে ভেসে আসে

তার মিষ্টি মধুর গন্ধ,
ঠিক তোমারই মতো।

ভোর না হতে হতেই পাখীরা সব
কিচিরমিচির শব্দ করে
দলবেঁধে বেড়ায় উড়ে;
সবুজ পাতার আড়াল থেকে শুধু
একটি কোকিল কুহু কুহু স্বরে
গেয়ে ওঠে মধুর সুরে,
ঠিক তোমারই মতো।

বর্ষার দিনে কালো মেঘের
বন্ধন থেকে মুক্তি পেয়ে
অঝোরধারায় বৃষ্টি ঝরে
এই পৃথিবীর 'পরে;
রিমঝিম গান গেয়ে ওঠে উল্লাসে,
ঠিক তোমারই মতো।

এই সংসারে শান্তি নেই কোনো
বেশীরভাগই অশান্তি ভালোবাসে,
তারা অন্যের সাথে মানিয়ে
নিয়ে থাকতে জানে না,
শুধু দুই একজন ছাড়া যারা শান্তিপ্রিয়,
ঠিক তোমারই মতো।

এই সংসার ভরে উঠুক লোকে
যারা শান্তিপ্রিয় হাসিখুশি,
সকলকে মানিয়ে নিয়ে চলে।
পৃথিবীর সব গাছ বিকশিত
হোক ফুলে ফলে,
ঠিক তোমারই মতো।

৯০

আবীর

মুক্ত আকাশ তলে দাঁড়ায়ে দুহাত বাড়ায়ে
বিভেদের প্রাচীরখানি দাও সরায়ে -
অন্ধকারের বেড়াজাল দাও ঘুচায়ে
সবারে দাও প্রেমের আবীর মাখিয়ে।

৯১

ভালোবাসা

ভালোবাসা
তুমি আছ অন্তরে
হৃদয়ের গভীর গহনে;
সেখান থেকে বেরিয়ে এসে
বাইরের বিভেদের প্রাচীর সরিয়ে
সবার সাথে দাও মিলায়ে।
অন্তরের বার্তা আমার
সর্ব জনের কাছে
পৌঁছে দাও।

খুলে দাও দ্বার,
ঘুচুক সকল অন্ধকার,
আলোর স্রোতে যাই ভেসে,
সার্থক জনম আমার
সবার ভালোবেসে।

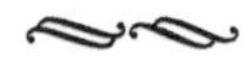

৯২
গান

যে গান আমার লাগে ভালো,
সেই গান আমায় শোনাও;
অন্তরে প্রবেশি জাগায় বেদনা,
সেই গান আমায় শোনাও;
সব সুখদুঃখের ওপারে যায় নিয়ে,
সেই গান আমায় শোনাও;
মুক্তবিহঙ্গের মতো উড়িয়ে নিয়ে যায়,
সেই গান আমায় শোনাও;
মনের সকল চিন্তা ভাবনা দূর করে;
সেই গান আমায় শোনাও;
আমার সকল সত্তা আনন্দে ভরিয়ে তোলে,
সেই গান আমায় শোনাও;
এই মর জগত থেকে অমৃতধামে নিয়ে যায়
সেই গান আমায় শোনাও;
হৃদয় আমার ভালোবাসায় ভরিয়ে তোলে,
সেই গান আমায় শোনাও।

৯৩

মেয়েটি

মেয়েটি পাশে এসে বসল,
জিজ্ঞেস করল, কত নম্বর পেলে?
কি করে তাকে বলি, ভালো হয়নি,
কি করে বলি পরীক্ষা ভালোই দিয়েছিলাম,
ইতিহাসে কম নম্বর পেয়েছি।
বলতে মন বাধ সাজে,
সে তো আমারই মুখ চেয়ে বসে আছে,
আমার ওপরেই তার কত ভরসা;
ওর বুকের ভেতরে যে হৃদয় লুকিয়ে আছে,
সেখানে আমার জন্যে নিখাদ ভালোবাসা।
আমাকে চুপ করে থাকতে দেখে
হাতদুটো ধরে আকুল নয়নে আমার দিকে চেয়ে বলল,
কি হলো, কিছু বলছ না যে।
বললাম, সাত নম্বরের জন্য অনার্স মিস করেছি

৯৪

যা হারিয়ে যায়

পুরানো দিনগুলি হারিয়ে যায়
আসেনাকো আর ফিরে,
সুখ দুঃখের স্মৃতিগুলি
শুধু আসে বারে বারে।
মনে পড়ে পথ চলা
একই সাথে গান গাওয়া,
জীবনতরীতে বসে
একই সাথে দাঁড় বাওয়া।

সেদিন আকাশ ছিল নীল,
ছিল মধুর দখিন হাওয়া,
ভরতো ঘর সুরে সুরে
তোমার গান গাওয়া।
গাছে গাছে ফুলের শোভা,
শুনতে পেতাম ভ্রমর গুঞ্জরণ,
বর্ষার দিনে বৃষ্টিধারায়
আনন্দেতে লাগত শিহরণ।

৯৫

যা ঝরে যায়

সকালবেলায় কুড়ালেম ফুল
    গাঁথব বলে মালা,
হাওয়ায় তা সেই উড়ে গেল
    শূন্য হলো ডালা।

সন্ধ্যাবেলায় কালো মেঘ
    এলো আকাশ জুড়ে,
খেলার সাথী গেলচলে
    এলো না আর ফিরে।

৯৬

সন্ধ্যা

''সব পাখী ঘরে আসে''
ক্লান্ত ডানা মেলে,
সুদূর আকাশপটে
সন্ধ্যাতারা জ্বলে।
সবকিছু যায় না কেনা,
ফুরায় না লেনাদেনা,
পাখীরা সব ঘরে ফেরে
জ্বলে আলো অন্ধকারে।

আমার হৃদয়বীণার তারে
বাজে করুণ সুর,
বসে আছি একা গগনবিহারী
বিরহ বিধুর।
গৃহবধু জ্বালিয়ে গিয়েছে
দীপ তুলসীতলে,
ক্ষুদ্র সেই আলোর শিখায়
জগত গিয়েছে ভরে।
('' '' অংশ বনলতা সেন থেকে নেওয়া)

৯৭

মঞ্জরী

সেদিন ফুটেছিল ডালিম ফুল,
আজ গিয়েছে তা ঝরি,
সবুজ পাতার আড়াল থেকে
উঁকি দেয় বিশুষ্ক মঞ্জরী।

একের পর এক দিন আসে আবার চলে যায়। মনে হয় এইদিনটা অন্যদিনের মতো নয়। পৃথিবীর রৌদ্রদীপ্ত দিনগুলো স্বপ্ন না সত্যি? দিগন্তের মায়া-লীলার মতো দিনগুলো এস অতীতে মিলিয়ে যাচ্ছে, শুধু রেখে যাচ্ছে কিছু স্মৃতি।

দিন আসে, দিন যায়

দিন আসে, দিন যায়,
তবু কিছু দিয়ে যায়
মনের আঙিনায়;
সেসব কিছু ফেলে
কেন জানি অতৃপ্ত মন আমার
হাতড়ে বেরায়
স্তূপীকৃত আবর্জনায়
অন্য কিছু পাবার আশায়।

দিন আসে আর যায়
সুখ দুঃখ বেদনায়,
রেখে যায় শুধু স্মৃতি,
শাশ্বত চিরন্তন পরম অনুভূতি।

ফুল ফোটে,
ফুল ঝরে যায়,
হঠাৎ করে ঝড় ওঠে,
আবার ঝড় থেমেও যায়।

সূর্য ওঠে,
দিনের আলো
দূর করে অন্ধকার,
ভরিয়ে তোলে ব্যস্ততায়।

জীবনের গতি
নিত্য আনে বৈচিত্র্য,
পুরোনো দিন মুছে দেয়,
সুখ দুঃখের স্মৃতি থেকে যায়।

নিকট বন্ধু
দেখা হলো যবে,
এক সাথে পথ চলা
একদিন সেও দূরে সরে যায়।

যার সাথে
কেটেছিল সময়
লেখা আছে নাম তার
শিলাফলকে মন্দিরের গায়।

জানিনা
শুরু কোথা থেকে,
কোথায় চলেছি আমরা,
যা পেয়েছি সব হারিয়ে যায়।

৯৯

খবরের অন্তরালে

মনটা কেমন করে,
যখন দেখি কাগজের পাতা জুড়ে
শুধু মৃত্যুর খবর, মৃত ব্যক্তিদের ছবি,
হাসি হাসি মুখ,
কেউ বয়স্ক, কেউ তরুণ।
মনে হয় এদেরছিল সুখের জীবন,
পরিচিত কেউ নয়,
তবু মনে হয়, কোথাও যেন দেখেছি,
বসে বসে তাদের সুখ দুঃখের কথা শুনেছি।
এইসব খবরের অন্তরালে লুকিয়ে আছে
কতজনের হাহাকার, বুকভরা বেদনা,
হতাশা, নিঃসঙ্গ জীবনের যন্ত্রণা।
মনে হয় মানুষ কত অসহায়,
সময়ের সাথে কান্নাও থেমে যায়,
ভবিতব্য নিয়তির কাছে মানুষের
সব প্রচেষ্টা হার মেনে যায়।
এই জীবনে কোনোটাই সত্য নয়,

এতো জীবননাট্যমঞ্চে ক্ষণিকের অভিনয়;
এই জীবন যদি মিথ্যাই হয়।
তাহলে কোনটা সত্য জানি না;
তাই যতদিন আছি জানাই
অন্তরের শুভকামনা।

১০০

বেদনা

বেদনার মোড়কে ঢাকা
বেদনাহত মন,
বেদনার পাপড়ি মেলে
বেদনাকেই শুধু করে আবাহন।
এযে মিথ্যা মরীচিকার পিছে ধাওয়া,
ছুটি সুখের সন্ধানে,
বেদনাকে করেছি আপন
লুকিয়ে আছে অন্তর গহনে।

১০১

বিষন্ন দুপুর

বিষন্ন দুপুর, ধূসর গাছপালা,
ঘরের দরজাটা একটুখানি খোলা,
চেয়ে দেখি আকাশ মেঘলা।
উড়ছে চিল ক্লান্ত ডানা মেলে,
আর দুটো ঘুড়ি উড়ছে।
পুরোনো দিনের কথা মনে ভাসছে –

যখন ছোটো ছিলাম,
তখন ঘুড়ি ওড়াতাম,
পায়রা পুষতাম,
পুকুরে ছিপ ফেলে মাছ ধরতাম।
তখন জীবন ছিল একরকম,
বদলে গেছে অনেক, এখন অন্যরকম।
আজ শুনলাম বাল্যবন্ধু দীপেন মারা গেছে,
কত কাছের জন, খুব ভালো ছিল,
মনটা বিষাদে ভরে উঠলো।

ঋতুবৈচিত্র্য

১০২

“আহা, আজি এ বসন্তে এত ফুল ফুটে....”

আজ সকালে –

রৌদ্র আলোকে ফুটেছে ফুল
গোলাপ পাপড়ি মেলে;
পাখীরা সব,
কিচিরমিচির শব্দ করে
দলবেঁধে উড়ে চলে;
সবুজ পাতার আড়াল থেকে
একটি কোকিল কুহু স্বরে
গেয়ে চলে মধুর স্বরে।

১০৩

এখন বসন্তকাল –

গাছে এসেছে অজস্র মুকুল,
ফুটে আছে নাম-না-জানা কত ফুল
পত্রশোভিত গাছের শাখে শাখে;
প্রকৃতি বিচিত্র ছবি আঁকে,
কিসের প্রয়োজনে,
আনমনে।

১০৪

এই বসন্ত –

মধুপ গুঞ্জরিত,
পত্রে পুষ্পে শোভিত,
বিচিত্র গন্ধে, বর্ণে রঞ্জিত,
শীতল বাতাসে হতেছে আমোদিত,
সুনীল আকাশ রৌদ্রালোকে আলোকিত,
প্রকৃতি আজ নব সাজে সজ্জিত,
সকল সত্তা আনন্দে পুলকিত,
নব প্রাণধারায় স্পন্দিত
আজি এই বসন্ত।

১০৫

বসন্তের এই মাতাল বাতাস পরশে
ঘুম যায় ভেঙে,
খোলা বাতায়নের পাশে বসে
সারারাত রই জেগে।
থাকি বসে একা নিদ্রাহারা চোখে,
সারারাত ধরে যাই স্বপ্নের ছবি এঁকে।
অনন্ত এই আকাশব্যাপি পুলকিত জ্যোৎস্না
অন্তরে প্রবেশিয়া জাগিয়ে তোলে বেদনা।
ওঠো জাগো প্রিয়া, কেন ঘুমে অচেতন,
গলা জড়িয়ে বসে করি আলাপন।
জাগে চেতনা নব পল্লবে পল্লবে,
বাতাস ভরে আছে অনাঘ্রাত ফুলের সৌরভে।

১০৬

বসন্তের এই জ্যোৎস্নাপুলকিত রাতে
আধফোটা কামিনী ফুল
আকাশের দিকে চেয়ে আছে;
শীতল বাতাসে ভেসে আসে
তার মিষ্টি মধুর গন্ধ;
আঘ্রাণে তার বেদনা জাগায় মনে।

১০৭

বসন্তে
ঝরা পাতা
উড়ে চলে যায়,
অবারিত দিকে দিকে,
নাইকো দ্বেষ, নাইকো শোক,
নাইকো কোনো অভাব অভিযোগ;
''ঝরা পাতা গো আমি তোমারি দলে''।

১০৮

ফাগুন শেষে চৈত্র হাওয়া
লাগল প্রাণে,
হৃদয়দুয়ার গেল খুলে
প্রীতি মধুর সম্ভাষণে।
হৃদয়ের মাঝে ফুটেছে কুসুম
বসন্তের রক্তিম রাগে,
আনন্দের পাপড়ি মেলে তারে
বিকশিত করো জীবনতরুশাখে।

১০৯

এখনও তেমন গরম নয়
তৃষিত নয় এ ধরা,
বেড়েছে রোদ্দুরের তেজ
মেজাজ হয়নি খরা।
বাজারে আসেনি তরমুজ
ফুটিফাটা হয়নি মাটি,
আমের গায়ে লাগেনিকো রঙ
শাঁসের তলায় জমেনি আঁটি।
সবুজ আলো ঠিকরে পরে ঘাসে,
দেখা যায় না মুক্ত-শিশিরকণা,
সন্ধ্যাবেলা দক্ষিণ হাওয়ার বেগে
অস্তরাগে মেঘের আনা-গোনা।
জমেনি রাঙা ফুলের মেলা
কৃষ্ণচুড়ার শাখে,
ভোরবেলায় ঘুম ভেঙে যায়
কোকিল কুহু ডাকে।
দোকানে ঝোলে নানান রঙের শাড়ী
নিয়ন আলোর তলে,
উপচে পড়ে মানুষ জনের ভীড়

চৈত্রমাসের সেলে।
হৃদয়-দুয়ার রেখো খুলে,
করোনাকো বন্ধ,
শীতল বাতাস বয়ে আনে
মিষ্টি মধুর গন্ধ।

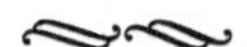

১১০

চড়কগাছ

এখনও মনে পড়ে,
তেমাথার মোড়ে চড়কগাছে চড়ে
গাজন-সন্ন্যাসীরা ঘুরতো বন্‌বন্‌ করে।
চড়কের মেলায় বিক্রি হতো হাতপাখা,
চারিদিকে তার লাল কাপড়ের পাড়
আর ভেতরে নানান কল্কা আঁকা,
আইসক্রীমওয়ালা বরফের ওপর
মিষ্টি রঙিন জল দিত ছিটিয়ে,
বিভিন্ন রঙের বরফ রাখত সাজিয়ে,
তাই কিনে খেয়েছি পাঁচপয়সার বিনিময়ে।

১১১

বর্ষবিদায়

বৎসরের শেষদিনের অবসানে
গোধুলি গগনে
শেষ রশ্মিটুকু ফেলে
সূর্য গেল অস্তাচলে।
গৃহবধু জ্বালিয়ে গেছে দীপ তুলসীতলে,
নির্নিমেষ নয়নে চেয়ে বসে থাকি
জগত সংসার ভুলে।
বন্ধ করে দ্বার থাকি বসে একা
আপন ঘরের কোণে।
মুছে যাক দুঃখ বেদনাভরা যত স্মৃতি
নতুন বছরের নতুন দিনের আগমনে।
আগামীকাল প্রত্যুষে উদিত হবে
সূর্য নতুন করে,
জ্বলবে সেথায় আশার আলো;
সবাই থেকো ভালো।

১১২

বর্ষবরণ

এসো হে বৈশাখ, এসো, এসো।
এসো শুভ্রবিমল প্রাতে,
এসো জ্যোৎস্নাপুলকিত রাতে।
এসো আনন্দউচ্ছ্বসিত পাখীর কূজনে,
বর্ষণধৌত ধরিত্রীর অঙ্গভূষণে,
বিগত দিনের কালিমা মুছায়ে,
এসো নূতন জীবনের বাণী লয়ে।
এসো স্নিগ্ধ শীতল সমীরে,
এসো অন্তরে, এসো বাহিরে।

এসো রৌদ্রঝলমল দিনে,
প্রস্ফুটিত ফুলের বিচিত্রবরণে।
এসো ক্রীড়ারত শিশুর হাসি আর ক্রন্দনে,
মাতা দুহিতার স্নেহের বন্ধনে।
এসো মনের নব নব ভাবনে,
নিশ্বাসে-প্রশ্বাসে, নিত্য কর্মে, আচার-আচরণে।
এসো নিরানন্দ মনের কোণে কোণে,
হৃদয়ের আবেগে, অন্তরে, বাইরে।

১১৩

একাল ও সেকাল

গরমের হাত থেকে রেহাই
  পাওয়ার জন্য দরকার এক হাতপাখা,
চড়কের মেলায় বিক্রি হতো,
  হাতপাখার চারদিকে লাল কাপড়ের পাড়
  আর ভেতরে নানান কল্কা আঁকা।

রোদ্দুরের হাত থেকে রেহাই
  পাওয়ার জন্য দরকার এক ছাতা,
আগেকার সরু লম্বা বাঁটওয়ালা
  ছাতা বাবা কিনে দিত জন্মদিনে,
রোদ্দুরে সারা গা ঝলসে যেত
  শুধু ঢাকা থাকত মাথা।

বৈশাখের তপ্তদিনে
  স্কুল থেকে ফেরার পথে
শুকিয়ে যাওয়া গলা ভেজানোর জন্য
  রাস্তার ধারে ফলওয়ালার কাছ থেকে

দশ পয়সার বিনিময়ে কিনে খেতাম তরমুজ
ভেতরটা তার টকটকে লাল
আর বাইরেটা কালচে সবুজ।

আজও আছে গরমের দাপট,
কিন্তু হাতপাখা, ছাতায় কাজ হয় না,
তরমুজের রসে গলা ভেজে না
গরম অসহ্য, কিছুই ভাল লাগে না,
পড়াশুনা, লেখালেখি, খাওয়াদাওয়া,
সঙ্গীসাথী কিছুই না।

আগে দশপয়সা পেলেই মন ভরে যেত,
এখন সব কিছু পেয়েও,
বিলাসব্যসন, আরাম প্রাচুর্যের
মধ্যে থেকেও মন ভরে না;
গরমের দাপট, রোদ্দুরের তাপ
এখন আর সহ্য হয় না।

১১৪

সেদিন

প্রচণ্ড গরম –

রৌদ্রতাপে তপ্ত ধরনী,

বাতাসে আগুনের হলকা,

অনেকটা পায়ে চলার পথ;

তুমি বললে, তোমাকে দিই এগিয়ে।

হাঁটতে হাঁটতে তুমি বললে সুখ দুঃখের কথা;

বেশীরভাগটাই শারীরিক রোগজ্বালা নিয়ে;

বুঝতেই পারলাম না পথের ক্লান্তি।

তুমি ফিরে এসে হাতদুটো ধরে

বললে, হাসি হাসি মুখে,

আবার দেখা হবে,

ভালো থেকো

বন্ধু।

১১৫

গুমোট গরম, প্রাণ আই-ঢাই,
প্রচুর জল খাই, কানমাথা ঢেকে বেরোই,
সরবত, ঠাণ্ডা পানীয় কোনোটাই বাদ নেই
তবু নেই গরমের হাত থেকে রেহাই
ঘামে ভিজে গেঞ্জি সপ্‌সপ্‌ করছে,
কদিন ধরেই আকাশ মেঘলা,
কিন্তু বৃষ্টির দেখা নেই।
জামাকাপড় কাচা নেই,
যদি নামে বৃষ্টি;
ডালের বড়ি দেওয়া নেই,
যদি নামে বৃষ্টি;
ইচ্ছে থাকলেও কোথাও যাওয়া নেই,
যদি নামে বৃষ্টি;
ব্যালকনিতে বসে রুমা চাতক পাখির মতো
আকাশের দিকে চেয়ে থাকে,
তবু বৃষ্টির দেখা নেই।

১১৬

জ্যৈষ্ঠের দিনে -

জ্যৈষ্ঠের এই তপ্ত দিনে,
ভর দুপুরে আরাম করে
গাছের ছায়ায় পথিক ঘুমায়।

চন্দননগরের ষ্টেশনধারে
কৃষ্ণচূড়া সারে সারে
আগুন জ্বালায় গরম হাওয়ায়।

মাথায় নিয়ে ফলের ঝাঁকি
হকারদের হাঁকাহাঁকি,
ঘর্ম ঝরায় তারা বাঁচার আশায়।

দিনের শেষে এল হঠাৎ
কালো মেঘ আকাশজুড়ে
শীতল হাওয়ায় শরীর জুড়ায়।

রিম্‌ঝিম্‌ বারি বরিষণে
পুলক জাগে মনে
রাত্রিবেলায় বৃষ্টিধারায়।

১১৭

"বৃষ্টিধারার ঝরোঝরে...."

কোথা হতে মাতাল বাতাস ছাইল আকাশ,
নীলাঞ্জন মেঘ পুঞ্জিত ঘনমসী,
রৌদ্রকরোজ্জ্বল দিবসের মুখে
মিলিল মধুর হাসি;
জড়াইল অঙ্গে তার মলিন বসন,
শুরু হল অবিশ্রান্ত বর্ষণ।
মুঞ্জরিত পত্র পুষ্পে
জাগিছে হিল্লোল প্রবল ঝড়ে,
বৃক্ষতটে বিহঙ্গের নিরাপদ আশ্রয়খানি
গিয়েছে উড়ে,
ভয়ার্ত অসহায় ক্রন্দনধ্বনি তার
চাপা পড়ে গেছে মেঘের গর্জন আর
বিদ্যুতের বক্রদন্ত হাসির উল্লাসে।

১১৮

খোলা
আকাশ তলে,
অনেক কথা আছে বলা,
দোলায় বসে খাই যে দোলা,
দেখি আকাশেতে মেঘের ভেলা,
গাছেতে আজ নানা ফুলের মেলা,
আলোছায়ার লুকোচুরি খেলা,
শীতল হাওয়ায় দেয় দোলা,
আজ বৃষ্টিস্নাত
সকালে।

১১৯

ভোর,
এখানে
আকাশ মেঘলা,
বর্ষার ঘনঘটা, মেঘের গর্জন,
আর আকাশে বিদ্যুতের দাপাদাপি,
আন্দোলিত তরুপল্লব উঠিছে কাঁপি।
স্নিগ্ধ বাতাসে জুড়ায় প্রাণ মন,
অঙ্গে অঙ্গে জাগে শিহরণ;
সারারাত ধরে
একটানা
বৃষ্টি।

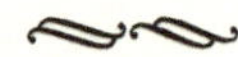

১২০

বর্ষণধৌত শ্যামল এই ধরা
পত্রপুষ্পে শোভিত যৌবন ভরা
জলসিঞ্চিত মেঘ নদীজলধারা
বাদলবরিষণ হলো বুঝি সারা।

১২১

কেন কাঁদিলে বালা
শরৎপ্রভাতের বারিধারাসম?
এখনই ছিল রৌদ্রকরোজ্জ্বল হাসি তব মুখে,
হঠাৎ কোথা হতে মসীমাখা মেঘ
আসি ছাইল আকাশ,
মিলিল সেই মধুর হাসি;
ঘনাইল পুঞ্জিত মেঘ
নীল অম্বর দেহে,
স্পর্শিল বেদনা তব
অন্তরে মম।

১২২
ভাদ্দর মাস –

উঠোনটা পেড়িয়ে,
খিড়কির দরজা খুলে,
ছুটেছি কঞ্চির আঁকশি নিয়ে,
বাগানের গাছের ডালে ঝুলে থাকা
ঝুলন্ত ঘুড়ির সুতোয় দিতাম পেঁচিয়ে;
বাড়ি ফিরে সুতোটা লাটাইতে নিতাম গুটিয়ে;
এটা ওটা মিশিয়ে সুতোতে মাঞ্জা দিতাম গাছের ডালে জড়িয়ে।
গাছ থেকে পেড়ে ভুতি, বিচি বাদ দিয়ে খেয়েছি একটা গোটা কাঁঠাল।
শ্যাওলাধরা গাছের ওপরে চড়ে খেয়েছি জাম আর জামরুল,
গাছের মগডালে চড়ে পেয়ারা খেয়েছি মনের সুখে,
পুকুরের ভরা জলে কচুরিপানার তলা দিয়ে ডুবসাঁতার
কেটে একেবারে ওপারে গিয়ে উঠেছি সিক্তবসনে।
অন্ধকার থাকতেই কারোর আসার আগেই
পুকুরে নেমে তাল কুড়িয়ে আনতাম,
তাই দিয়ে মা করত এক গামলা ফুলুরি।
ভাদ্দর মাসর সেই দিনগুলোয় বিষাদ হতাশা
ভয় চাপা পড়ে যেত মুক্তির আনন্দে।

১২৩

‘‘মেঘের কোলে রোদ হেসেছে...’’

রাত্রি কাটুক দিনের আলোয়
    আগমনীর সুরে,
‘‘মেঘের কোলে রোদ হেসেছে’’
    সারা আকাশ জুড়ে।
শরৎ প্রভাতে রৌদ্র আলোয়
    হরেক ফুলের মেলা,
‘‘আজ ধানের ক্ষেতে রৌদ্রছায়ায়
    লুকোচুরি খেলা।’’
কাশ ফুলেরা আনন্দেতে
    করে লুটোপুটি,
‘‘আজ আমাদের ছুটি ও ভাই,
    আজ আমাদের ছুটি।’’

কিচির্ মিচির্ করে শালিক
    আনন্দে আত্মহারা,
যেথায় খুশী উড়ে বেড়ায়
‘‘নেই কোন কাজে তাড়া।’’
হিমেল হাওয়ায় লাগল নাচন
    গাছের ডালে ডালে,

মৌমাছিরা গুঞ্জরিছে
    বেড়ায় পথ ভুলে।
ঝরা ফুলের পাপড়ি দিয়ে
    গেঁথেছি আজ মালা,
''নবীন ধানের মঞ্জরী দিয়ে
    সাজিয়ে এনেছি ডালা।''

ধরিত্রী আজ জেগে ওঠে
    সেজে নতুন সাজে,
''হৃদয় আমার নাচেরে আজিকে
    ময়ুরের মত নাচে।''
দীঘির জলে ফুটে আছে
    শালুক রাশি রাশি,
''আমার মেঠো ফুলের
  চোখের জলে উঠে ভাসি।''
চাঁদের কিরণে দীপ্ত রজনী,
  শান্ত, স্নিগ্ধ ধরনী,
''আকাশ বীণার তারে তারে
    জাগে তোমার আগমনী।''

('' ''র ভেতরের পঙক্তি রবীন্দ্রনাথ ঠাকুরের কবিতা ও গান থেকে সংকলিত)

১২৪

শরতের এই নবীন দিনে
রবির আলোয়,
শিউলি গাছের
ফুল ফুটানোর মেলা।

শিশুরা সব দল বেঁধে
সাজি ভরে
কুড়ায় কুসুম
গাঁথবে বলে মালা।

সারা আকাশ জুড়ে
মেঘ-রৌদ্রের
আলো-ছায়ার
লুকোচুরি খেলা।

১২৫

‘‘এল যে শীতের বেলা বরষ পরে’’

দিনের অবসানে
এই কুয়াশা আবৃত সাঁঝে
বাজে, মঙ্গল শঙ্খধ্বনি বাজে।
যায় দিন, শীতের দিন যায় চলে
ধূসর কুয়াশার অন্তরালে
অলস ভাবনায়,
কর্মহীন, ক্লান্তিহীন বেদনায়।
গৃহবধু জ্বালিয়ে গেছে দীপ তুলসীতলে,
নির্নিমেষ নয়নে চেয়ে বসে থাকি
জগত সংসার ভুলে।
বন্ধ করে দ্বার থাকি বসে একা
আপন ঘরের কোণে,
মুছে যায় পুরানো স্মৃতি,
দিনের অবসানে।

১২৬

কুয়াশায় ঢেকেছে চারিধার,
দেখা যায় না আর পার,
জেটিতে যাত্রীর ভীড়ে একাকার,
লোকে শীতে কাঁপছে, বারো ডিগ্রী টেম্পারেচার।
পাশের হোটেলে,
ষ্টোভের আগুনে তেল গরম হচ্ছে
ছ্যাক ছ্যাক আওয়াজ পুরি ভাজার,
সাথে গরম গরম ঘুগনি -
পনেরো টাকায় তিনটে।
দোকানিকে বললাম, ছ'টা দাও দিকিনি।

১২৭

সূর্যের দেখা নেই,
ঘন কুয়াশার চাদরে ঢাকা;
প্রতিবেশীর দরজা বন্ধ,
মাঝে মাঝে হয় দেখা;
চারিদিক নিস্তব্ধ,
পাখীর ডাক শোনা যায় না;
বেলা গড়িয়ে যায়,
সময় থেমে থাকে না।

১২৮

দুপুর রোদ্দুরে,
ছাতের ওপরে
সতরঞ্চি পেতে বসে
ওরা শাক বাছে,
কাপড় সেলাই করে,
পেয়ারা কমলা লেবু খায়।
দুটো পায়রা ছাদের কার্নিসে
বসে আছে গলা জড়াজড়ি করে।
মাথার ওপরে বিবর্ণ আকাশ।
দুপুর গড়িয়ে বিকেল,
বিকেল থেকে সন্ধ্যা,
ছায়া দীর্ঘ থেকে দীর্ঘতর -
পড়ন্ত রোদ্দুর গায়ে মেখে উঠে পড়ি।
শ্যাওলা মাখা দেওয়ালেতে
শেষ রশ্মি ফেলে
রবি গেল অস্তাচলে।
দিন আসে দিন যায় চলে
ঘন কুয়াশার অন্তরালে
অন্ধকার নেমে আসে
ছাদের ওপরে জলের ট্যাঙ্ক বেয়ে।

১২৯

সবই

হয় চেষ্টায়

অভ্যাস করলেই হলো

কেউ কেউ আছে যারা দু'ডিগ্রীতে

ভোরে উঠে স্নান সেরে মর্নিংওয়াকে যায়,

না গেলে তাদের শরীর মন ভলো থাকে না।

কেউ আবার এই কনকনে ঠাণ্ডায় বেজায় কাবু,

দু'মগ গরম জলে যাহোক করে চান করে

চব্বিশ ঘন্টা পায়ে মোজা পরে থাকে।

সর্বদা ঘরের দরজা জানলা বন্ধ

রুমহিটার জ্বালিয়ে হাত সেঁকে

গায়ে দুটো সোয়েটার

মাথায় মাফলার

গায়ে চাদর।

বিবিধ

১৩০

অন্তরের জগত

অন্তরের
এক জগত আছে।
বহির্মুখী বেগ রোধ করে
কখনো কখনো যাই চলে
অন্তরের জগতে,
শান্তির জগতে,
আলোর জগতে,
আনন্দের জগতে,
বাসনা কামনা মুক্ত
বিশাল এক জগতে।
রোগ, দুঃখ, তাপ, হিংসা, ঘৃণা,
চাওয়া পাওয়ার হিসেবে বিক্ষুব্ধ মন
আমার শান্ত হয় কিছুক্ষণ।

১৩১

বাঙলাভাষা

বাঙলাভাষা আমার ভাষা,
রূপে গুণে মাধুর্যে
সঙ্গীতে ছন্দে অলঙ্কারে
তুমি মনোরমা,
আমার মা,
তবু শুনি তোমার ক্রন্দন,
সন্তানহারা বেদনা
এখনও তোমার মধ্যে
জাগায় প্লাবন।

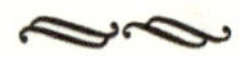

১৩২

আ মরি বাঙলাভাষা

ছোটবেলা থেকে শুনে আসছি
আ মরি বাঙলাভাষা।
কত প্রকারের ভাষা,
সুললিত ছন্দের ভাষা,
হৃদয় নিঙরানো বেদনার ভাষা,
ব্যঙ্গ বিদ্রুপের ভাষা,
অশ্লীল ভাষা,
মান অভিমানের ভাষা,
সাহিত্যের ভাষা, কথ্য ভাষা।
সবকিছুর মধ্যে টিকে আছে
অন্তর গভীর গহনে
প্রেমের ভাষা,
ভালোবাসার ভাষা,
আ মরি বাঙলাভাষা।

১৩৩

নিত্য-অনিত্য

বাহিরের এ জীবনের ছায়ার অন্তরালে
যেমন ছিলাম, তেমনিই আছি।

শোষণ, অনাচার, অত্যাচারের আড়ালে
যেমন ছিলাম, তেমনিই আছি।

দিগন্তবিহীন শুষ্ক এ মরুর আড়ালে
যেমন ছিলাম, তেমনই আছি।

পছন্দ-অপছন্দ, ভাল-মন্দ বিচারের আড়ালে
যেমন ছিলাম, তেমনিই আছি।

ভুলবোঝাবুঝি, মতদ্বন্দ্ব, স্বার্থ, সংঘাতের আড়ালে
যেমন ছিলাম, তেমনিই আছি।

নাম, যশ, খ্যাতি, সম্মান, প্রতিপত্তির আড়ালে
যেমন ছিলাম, তেমনিই আছি।

প্রকৃতির দোষগুণের আড়ালে
যেমন ছিলাম, তেমনিই আছি।

পার্থিব জীবনের সকল চাওয়া পাওয়ার হিসাবের আড়ালে
যেমন ছিলাম, তেমনই আছি,।

যুগযুগান্তর ধরে জন্মজন্মান্তরে
যেমন ছিলাম, তেমনিই আছি তেমনই থাকব।

১৩৪

প্ল্যানিং

প্ল্যানিং মাথায় রেখে,
ফ্লাইলের নীচে ঢেকে,
কাগজখানি পাইনাকো খুঁজে;
হরিবাবু নিশ্চিন্তে আছেন চোখ বুজে।
বেলা বাড়ার সাথে সাথে
নানান সেক্সন হতে
জমে ফাইল আর চিঠি;
সামনে কারোর দেখা যায় না টিকি।
ছুটি সবার কাছে,
হাত গুটিয়ে বসে আছে,
বললে শোনে না কোনো কথা;
ওপরওয়ালার তাগাদার ভারে
নুয়ে পড়ে মাথা।
ড্রয়িং-এর ভুল হয়নিকো ঠিক,
ম্যানুফ্যাকচারিং রেট হয়নিকো ফিক্সড,
স্টোরের মেটিরিয়ালে পড়েছে সট্ ;
ছাড়াতে হাজার জট্

রোদে হই সারা,
 শুরু হয় মাথা ঘোরা;
ব্লাড সুগার আর হার্টের ট্রাবল,
সইতে পারিনা শরীরের এই ধকল।
ফিরি নিজের ঘরে
দুঃশ্চিন্তা মাথায় নিয়ে,
 ছেলেটা এখনও বেকার,
মেয়েটার হয়নিকো বিয়ে।
রিটায়ারের আগে
 যদি চাকরিতে ঢোকাতে পারি ছেলেটিকে,
আর মেয়েটার বিয়ে হয় কাছাকাছি,
তবে আমরা দুই বুড়োবুড়ি স্বস্তিতে বাঁচি।

১৩৫

নতুন পাতা

ইচ্ছা করে নতুন করে
　　আবার শুরু করি,
মেঠো পথ ধরে যাব
　　গরুর গাড়ী চড়ি।
বউটি আমার বসবে কাছে
　　গাঁয়ের বধু সাজে,
মুখটি তার দেখায় ভালো
　　কোমল-কিশোর লাজে।
আম কাঁঠালের বাগান দিয়ে
　　যাব অনেক দূর,
খোলা গলায় গানটি তার
　　বাজবে সুমধুর।
খোলা আকাশ নীচে দাঁড়িয়ে
　　বাড়াই দুটি হাত,
বউ-এর সাথে আলাপনে
　　কাটুক সারা রাত।
ইচ্ছা করে পুকুর ঘাটে

চান করতে যাই,
গাছে চড়ে পেয়ারা পেড়ে
সবাই মিলে খাই।
ইচ্ছে করে বন্ধুরা মিলে
খেলি একসাথে,
সুতো বেঁধে ছুড়ে দিয়ে
লাট্টু ঘোরাই হাতে।
মেলা হতে নিয়ে আসি
হলুদ ডুরে শাড়ী,
পালকী চড়ে পূজার সময়
যাব শ্বশুর বাড়ি।
বাপের বাড়ি, শ্বশুর বাড়ি
সবাই আপনার,
মা দুর্গার চরণে সবাই
জানাই নমস্কার।

১৩৬

বয়েসকালে

যতই চেষ্টা করি
Nature is much more claver,

কেমন করে বলো
ঢেকে রাখি বয়েসের ভার।
সকাল বেলায় ঘুম ভাঙে
গাঁটে গাঁটে ব্যথা,
আড়ষ্ট দেহ, মন, প্রাণ,
দীর্ঘ উপকথা।
মেজাজ খিটখিটে, সবাই বলে
ব্লাডপ্রেসারটা একবার মাপাও,
চোখের দৃষ্টি ক্ষীণ, কানেও শুনি কম,
স্পেশালিষ্টকে একবার দেখাও।
এটা ওটা খেতে মন চায়,
কিন্তু ডাক্তারের মানা,
সাবধানের নেই কোন মার
কখন কি হয় যায়নাকো জানা।

কোন কিছু না করলেও
বাড়ে টেনশন নিত্যদিনের কাজে,
তাই সুরাপানের ইচ্ছা
জাগে মাঝে মাঝে।
গিন্নীর ধমক, ‘এই বয়েসে হচ্ছেটা কি‘?
গ্লাসখানি নেয় কেড়ে;
ইচ্ছা করে বেরিয়ে পড়ি
এই মায়ার জাল ছিঁড়ে।
গুম হয়ে বসে থাকি,
দেখি জীবনের গতি,
মনের মধ্যে জাগে
বিচিত্র অনুভুতি।
এই ধরণীতে ক্ষণিকের আসা,
দুদিনের তরে কাঁদা হাসা,
অনিত্য বস্তুতে হয়ে আসক্ত,
মায়া মমতায় হয়ে অনুরক্ত
পাই যত দুখ-যাতনা,
মরমে যাই মরে,
পেয়ে মরম বেদনা।
এর কোনটাই সত্য নয়,
এ যে জীবন নাট্যমঞ্চে
ক্ষণিকের অভিনয়।

১৩৭

দূষণ

এখানে আকাশ ভীষণ কালো,
গাড়ীর ধোঁয়ার অন্ধকারে
ধূসর দিনের আলো।
মানুষের জয়যাত্রা পাবে খুঁজে
ফ্লাইওভার আর গগনচুম্বী
অট্টালিকার খাঁজে খাঁজে।
রুক্ষ শুষ্ক পাতাহীন বিটপী
রয়েছে দাঁড়ায়ে দিশাহারা,
দূষিত বায়ু, রুদ্ধ হয়ে আসে শ্বাস
দুর্ভেদ্য এ কারা।

এস, আজ ছোট বড় সবে মিলি,
দূষণের বিরুদ্ধে প্রতিরোধ গড়ে তুলি।
এর থেকে মুক্তির পথ একটাই,
বাসস্থানের চারিধারে গাছ লাগাই;
ধোঁয়ার এই আবরণ যাক্ কেটে,
কারাগারের অর্গল যাক্ টুটে।

খোলা দরজা দিয়ে আসুক পরিশ্রুত বাতাস,
প্রাণভরে যেন নিতে পারি শ্বাস।
নীরোগ দেহে, প্রফুল্ল চিত্তে
সবাই করিতে পারি যেন বাস।

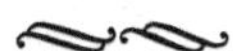

১৩৮

যদি না

কেন তুমি রাগলে?
জীবনের চলার পথে
তুচ্ছ ক্ষুদ্র জিনিষ
তোমায় বিব্রত করে
কেন রাখে পথ আগলে?

কেন তুমি কাঁদলে?
পার্থিব নশ্বর জিনিষ
না পাওয়ার বেদনা
তোমায় বিব্রত করে
কেন রাখে পথ আগলে?

কেন তুমি বোঝা বাড়ালে?
এই দীর্ঘ পায়ে চলার পথ
হতে হবে পার,
লোভাতুর মনের ভীষণ আর্কষণ
কেন রাখে পথ আগলে?
কেন এই মায়াজালে জড়ালে?

দারাপুত্র পরিবার,
আপাত সুখের এ সংসার
পায়ে মোর শৃঙ্খল পরায়ে
কেন রাখে পথ আগলে?

যদি না তুচ্ছ কথায় রাগতাম,
যদি না পার্থিব জিনিষের তরে কাঁদতাম,
যদি না বোঝারমাত্রা বাড়াতাম,
যদি না মিথ্যা এ মায়ার জালে জড়াতাম,
তাহলে সহজেই আসতে চাওয়ার হাত বাড়ালে।

১৩৯

কাজ করি আনন্দে

আমরা
কাজ করি,
কল্যাণের তরে,
নিরহংকার যতনভরে,
সকল চাপ থেকে মুক্ত হয়ে
করি কাজ যথাযথ, স্বতঃস্ফুর্তভাবে,
অহংকার দূরে সরিয়ে রেখে,
সদাই থাকি হাসিমুখে,
কাজ করি আনন্দে,
সুললিত ছন্দে,
একসাথে।

১৪০

জিজ্ঞাসা

যখন ছোট ছিলাম তখন আকাশের দিকে
তাকিয়ে বলেছিলাম মানুষ হব;
স্কুলের লাইব্রেরী থেকে
মহাপুরুষদের জীবনী এনে পড়তাম,
আর বলতাম, মানুষ হব;
স্বামী বিবেকানন্দের মতো
ভিখারীদের ডেকে চাল, ডাল দিতাম,
আর বলতাম, মানুষ হব;
সত্তর দশকে নকশাল আন্দোলনের সময়
মনের চঞ্চল ভাবাবেগ সংযত করে
মা, শ্রীঅরবিন্দের বই পড়তাম,
আর বলতাম, মানুষ হব;
দেশের বিভিন্ন প্রান্তে ঘুরে বেড়িয়ে
সাধুসন্তদের উপদেশ শুনতাম,
আর বলতাম, মানুষ হব;
গীতা, উপনিষদের শ্লোক,
বাইবেলের মধ্যে ঢুকে যেতাম,

আর বলতাম, মানুষ হব;
বাইরের জগতের এই বিশৃঙ্খলা, অরাজকতায়
যখন মন চঞ্চল হয় তখন অন্তরের
অন্তঃস্থলে প্রবেশ করে বলি, মানুষ হব;
জেনেছি চেতনার বিবর্তনের কথা,
অতিমানস চেতনার অবতরণের কথা,
মানুষের দিব্যমানুষের রূপান্তরের কথা,
তবুও এখন নিজেকেই জিজ্ঞেস করি,
কবে মানুষ হব?

১৪১

যা চেয়েছি

আমি চেয়েছি,
পারিনি গাছটিতে ফুল ফোটাত;
আমি চেয়েছি,
পারিনি ছাদের ওপরে ঘর করতে;
আমি চেয়েছি,
পারিনি জলের স্রোতে স্থির হয়ে থাকতে;
আমি চেয়েছি,
পারিনি বাঁশের খুঁটিটা শক্ত করে ধরে থাকতে;
আমি চেয়েছি,
নিজেকে তোমার কাছে সঁপে দিতে;
আমি চেয়েছি,
কামনা বাসনাকে জয় করতে;
আমি চেয়েছি,
পারিনি নিজেকে ভুলে থাকতে।

১৪২

কাশীবাবু

কাশীবাবু একদন্ড থাকেন নাকো বসে,
সদাই ব্যস্ত কাজে,
কাজের মধ্যে থাকেন ডুবে
সকাল থেকে সাঁঝে।
সামনে পেছনে বাড়িতে তাঁর
জমি ছয় কাঠা,
পাঁচিলে উঠে লগি দিয়ে
পাড়েন সজনা ডাঁটা।
বাগানে তাঁর হরেক রকম চাষ,
নিড়নি দিয়ে কাটেন তিনি ঘাস।
কোন বারণ শোনেন নাকো,
শোনেন না কারোর কথা,
মইয়ে করে গাছে চড়ে
পাড়েন বেল পাতা।
কাঁচা, পাকা, ছোট, বড় পেঁপে
পাড়েন এক ঝুড়ি,
বেজার মুখে গৃহিনী তাঁর

বানান তরকারি।
কাজেই তাঁর আনন্দ,
কাজেই থাকেন মজে,
দিনের আলো নিবলে পরে
আবার ছোটেন কাজে।

১৪৩

পথের ধারে

মেঘেরা সব ভেসে বেড়ায় গগনতলে,
জেলেচলে রাস্তা দিয়ে হেলে-দুলে।
পাশের বাড়ির টেকো-বুড়ো,
  তিনটে কুকুর করে জড়ো করছে খেলা;
রাস্তা দিয়ে সারি সারি যাচ্ছে কলা।
চাষির বউ গোবর দিয়ে উঠোন নিকোয়,
চাষির ছেলে দাওয়ায় বসে তাল কুচোয়।
ওগো বউ কোথায় যাও গুটিগুটি
মাথায় নিয়ে শাকের আঁটি?
সারি সারি কুটির শিল্প, শিল্প যেখানে চপ,
পথের ধারে কর্মকারের গ্রীল-ওয়ার্কশপ
বাড়িউলি আজ যাবে বোধহয় কুটুম-বাড়ি,
ঘরের কাজ তাই বুঝি আজ
ফেলছে সেরে তাড়াতাড়ি।

১৪৪

অঝোরধারায় পড়ছে বৃষ্টি,
বাইরে কোথাও যাওয়ার উপায় নেই -
বানাও খিচুড়ি।
কয়েকদিন ধরে ভুগলাম জ্বরে,
শরীরের বল গেছে কমে -
খাও খিচুড়ি।
গতকাল তুলে এসেছি কষের দাঁত,
অন্য কিছু খাওয়ার উপায় নেই -
খাই শুধু খিচুড়ি।
বাড়ীতে কেউ নেই,
একা বসে বসে কাটে না সময় -
বানাই খিচুড়ি।
ফ্রিজে রাখা ছিল,
রাম রাতে চুপিচুপি চাঁচপোচ
খেয়ে নেয় খিচুড়ি।
দক্ষিণভারত বেড়াতে গিয়ে
মুখে কিছু রোচে না -

হোটেলে গিয়ে খাই খিচুড়ি।
যারা বান ভাসে,
তারা খুব খুশী হয়
যদি পায় খিচুড়ি।
হোলির সময় ক্লাবপ্রাঙ্গণে
হোলিমিলন উৎসবে
আয়োজন ছিল খিচুড়ি।
দেবী পুজোর দেবীর চরণে
আমাদের নৈবেদ্য,
মায়ের প্রসাদ পাই খিচুড়ি।

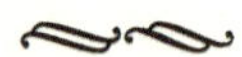

১৪৫

পৃথিবী

পৃথিবী, তুমি তোমার কোলে
আমাদেরকে দিয়েছ স্থান,
দিয়েছ তোমার স্নেহ, ভালবাসা।
তোমার ওপরে রয়েছে পাহাড়-পর্বত,
বন-জঙ্গল, নদ-নদী, উন্মুক্ত প্রান্তর,
শস্যশ্যামলা প্রকৃতি, স্নিগ্ধ শীতল বাতাস,
মাথার ওপরে নীল আকাশ,
এইখানে জন্মে নিতে পেরেছি বুকভরে শ্বাস;
পেয়েছি সুখ-স্বাচ্ছন্দ্য, মুক্তির আনন্দ।
করজোড়ে তোমার চরণে প্রণাম জানাই পৃথিবী।

পৃথিবী তোমার ওপরে দেখেছি
মায়া, মমতা, স্নেহের বন্ধন,
দেখেছি মানুষে মানুষে আত্মীয়তা, বন্ধুত্ব,
ভায়ে ভায়ে গলাগলি, সন্তানের প্রতি মায়ের ভালবাসা,
দেখেছি একে অপরের জন্য স্বার্থত্যাগের আনন্দ।
গ্রামে পর্ণকুটিরের সামনে তুলসীমঞ্চ;

সেখানে সন্ধ্যাকালে গৃহবধু জ্বালায় প্রদীপ,
বাজায় মঙ্গলশঙ্খ।
করজোড়ে তোমার চরণে প্রণাম জানাই পৃথিবী।

পৃথিবী তোমার বুকে দেখি ঋতুবৈচিত্র্য।
গ্রীষ্মকালে সূর্যের তাপে তুমি হয়ে ওঠো তাপিত,
সেই উত্তাপ স্পর্শ করে আমাদের দেহে, মনে, প্রাণে;
মানুষে মানুষে সম্প্রীতি হয় গভীর,
তারা নানান উৎসবে মেতে ওঠে।
বিভিন্ন জায়গায় বসে মেলা,
সেখানে মানুষ ভীড় জমায়,
নানান জিনিষ কেনাকাটা করে।
গ্রীষ্মের খরতাপে যখন আমরা তৃষিত হয়ে উঠি
তখন তুমি তোমার বৃক্ষে নিয়ে আসো
আম, লিচু, কাঁঠাল আরো কত কি সুমিষ্ট ফল।
এইসব ফলের পসরা সাজিয়ে
তুমি হাট বাজারকে করে তোলো প্রাণবন্ত।

প্রচন্ড রৌদ্রতাপে যখন আমাদের জীবন
অস্থির হয়ে ওঠে,
তখন তুমি নিয়ে আস বর্ষা।
আকাশের বুকে ঘন কৃষ্ণবর্ণের মেঘ থেকে
নেমে আসে অবিশ্রান্ত বারিধারা;
খরস্রোতা নদী হয়ে ওঠে স্রোতস্বিনী,

খাল, বিল, পুকুর, নদ,নদী
জলে হয়ে ওঠে টইটুম্বুর;
চাষীর জমিকে করে তোলো উর্বরা;
চাষীরা সেই জমিতে লাঙল চালিয়ে সোনা ফলায়।
এই বারির স্পর্শে গাছপালা,
সকল জীবের মধ্যে আসে নতুন প্রাণের স্পন্দন।
করজোড়ে তোমার চরণে প্রণাম জানাই পৃথিবী।

বর্ষার পর আসে শরৎ -
তখন তুমি নতুনভাবে সেজে ওঠো।
ফুলের গাছ ভরে ওঠে বিচিত্র বর্ণের ফুলে,
শীতল বাতাস এইসব ফুলের গন্ধ
বয়ে নিয়ে বেড়ায় এক প্রান্ত হতে অন্য প্রান্তে।
মৌমাছিরা ফুলের মধু অন্বেষণে সদাই ব্যস্ত;
সকাল থেকেই পাখীরা কলকাকলীতে মেতে ওঠে।
নীল আকাশ জুড়ে ভেসে বেড়ায়
সাদা মেঘের ফেনা;
চারিদিকে সবুজের সমারোহ;
ভরাট প্রকৃতি হয়ে ওঠে খুশীতে ডগমগ।
আকাশে বাতাসে ভেসে আসে আগমনীর সুর,
মা দুর্গার আগমন বার্তা কোথাও গোপন থাকে না।
প্রাত্যাহিক জীবনের সকল দুঃখ কষ্ট ভুলে
নতুন জামা কাপড় পরে সবাই
মাতৃ আরাধনায় মেতে ওঠে।

হেমন্তে প্রকৃতির অন্য এক রূপ -
শীতের আমেজ, শীতল বাতাসের স্পর্শে
রোমাঞ্চ জাগে সারা দেহে;
ঘাসে ঘাসে জমে মুক্ত শিশিরকণা।
হেমন্তের পর আসে শীত, আসে পাতা-ঝরার দিন,
প্রকৃতি নিজেকে লুকিয়ে রাখে কুয়াশার আড়ালে।
শীতের প্রকোপ থেকে রক্ষার জন্য চাই উত্তাপ,
সকলে মিলে শুকনো পাতায় আগুন জ্বালে।
এ যেন নতুনের অপেক্ষা, নতুনভাবে জীবন শুরুর প্রস্তুতি।
কচি পল্লবে আবার গাছগুলি ভরে ওঠে,
ফোটে বিচিত্র বর্ণের ফুল,
চারিদিকে জাগে নতুন প্রাণের স্পন্দন, আসে বসন্ত।
বসন্তের ঝোড়ো হাওয়া মনকে করে উদাস,
দেহে পুলক জাগে,
মানুষ চায় একে অপরকে কাছে পেতে,
তখন সব কাজ ফেলে শুধুই ঘুরে বেড়ানোর আনন্দ।

পৃথিবী, তুমি আমার প্রেয়সীর মধ্যে দিয়েছ প্রেম, ভালবাসা;
কোন এক জ্যোৎস্না-পুলকিত রাতে সবাই যখন ঘুমে অচেতন,
তখন তুমি আমার প্রেয়সীর মধ্যে বাজিয়ে ছিলে প্রেমের বীণা;
সেই বীণার সুরের মূর্ছনায়
অন্তরে জাগেএক অনাস্বাদিত আনন্দ;

এই আনন্দে বিভোর হয়ে কাটে সারারাত।
করজোড়ে তোমার চরণে প্রণাম জানাই পৃথিবী।

পৃথিবী, তোমার বুকে যুগে যুগে
কত মহাপুরুষ জন্ম নিয়েছে।
তাঁদের মহানবাণী তুমি আজও বহন করে নিয়ে চলেছ।
সেই সব বাণী সত্যের পথকে করে উন্মুক্ত,
যার দ্বারা আমরা আমাদের জীবনকে সত্যের আলোকে
গড়ে তোলার অনুপ্রেরণা পাই।
করজোড়ে তোমার চরণে প্রণাম জানাই পৃথিবী।

পৃথিবী, তোমার বুকের ওপর দিয়ে
বয়ে চলেছে পুতসলিলা গঙ্গা।
পবিত্র এই জল দিয়ে হয় মানুষের আরাধ্য দেবতার পূজো,
এই জলে স্নান করে হয় অনেক ব্যাধি থেকে মুক্তি,
দূর হয়ে যায় মনের কলুষতা।
মানুষ এই গঙ্গাবক্ষে দাঁড়িয়ে তর্পন করে
মৃত আত্মীয় পরিজনের জন্য শান্তি কামনা করে।
করজোড়ে তোমার চরণে প্রণাম জানাই পৃথিবী।

পৃথিবী, তোমার বুকে বিভিন্ন জায়গায় অসংখ্য তীর্থক্ষেত্র।
এইসব তীর্থক্ষেত্রগুলির সঙ্গে যুক্ত
পুরানো কত উপাখ্যান, কত ইতিহাস;
পূণ্যকামী মানুষেরা সকল দুঃখ কষ্ট

তুচ্ছ করে এইসব স্থানে ছুটে আসে।
অবিরাম তাদের পথ চলা;
তুমি তাদের দেহে, মনে, প্রাণে দাও অফুরন্ত শক্তি;
তীথদর্শন করে তারা পায় নতুন জীবনের সন্ধান।
করজোড়ে তোমার চরণে প্রণাম জানাই পৃথিবী।

পৃথিবী, জ্ঞানতপস্বী মানুষের সামনে
তুমি খুলে দিয়েছজ্ঞানের ভান্ডার।
যার ফলে আমরা পেয়েছি সাহিত্য, ধর্মশাস্ত্র,
পেয়েছি দর্শন, বিজ্ঞান, আরো কত কি।
মানুষ এই জ্ঞানের দ্বারা তাদের জীবনে
নিয়ে এনেছেসুখ, সমৃদ্ধি, শান্তি।
এখন দূর আর দূর নয়;
দূরের মানুষকে তুমি নিয়ে এলে কাছে,
বৈচিত্রের মধ্যেগড়ে তুললে ঐক্য,
সকলকে নিয়ে এক পরিবার।
করজোড়ে তোমার চরণে প্রণাম জানাই পৃথিবী।

পৃথিবী, তোমার বুকে রয়েছে মন্দির, মসজিদ, গীর্জা –
বিভিন্ন ধর্মের মানুষ সেখানে ভগবানের প্রতি জানায়
প্রাণের আকুতি, মনের বাসনা;
আত্মনিবেদনের দ্বারা ভগবানের কাছে আসে।
এই পূজার মধ্যে দিয়ে তাদের মন পবিত্র হয়,
খুঁজে পায় সকল সমস্যামুক্ত এক নতুন জীবনের আশ্বাস।

তোমার বুকে কত মুনিঋষি যোগসাধনার দ্বারা
তাঁদের চেতনার উত্তরণ ঘটিয়েছেন;
আমাদের জন্য রেখে গেছেন উন্নত চেতনায় উত্তরণের পথ,
যে পথ অনুসরণের দ্বারা আমরাও উন্নত চেতনার অধিকারী হই;
খুঁজে পাই এই মর্ত্যজীবনেই সকল সমস্যা,
সংকট থেকে মুক্ত এক দিব্যজীবনের প্রতিশ্রুতি।
করজোড়ে তোমার চরণে প্রণাম জানাই পৃথিবী।

১৪৬

পঁচিশে বৈশাখ

আজ সকালে রবীন্দ্রভবনের প্রাঙ্গণে
    দিল্লীবাসী কবিকে জানিয়েছিল শ্রদ্ধা,
    তাঁরই বিরচিত গানে;
সুরের মূর্ছনায়, কবিতার ছন্দে,
    প্রাণের আবেগ আর মনের আনন্দে;
দৈনন্দিন জীবনের দুঃখ-যন্ত্রণা ভুলে
    মনের দ্বার দিয়েছিল খুলে,
ভুলে গিয়ে সকল ভেদাভেদ, ক্ষুদ্রতা, মান-অভিমান,
    সবার সাথে মিলে হয়ে এক প্রাণ।

মনে হয়েছিল কবি, তুমি চিরন্তন,
    আমাদের দিয়েছ সকল আনন্দের উপকরণ;
চিরজীবী তুমি।
    তোমার বিচিত্র সুরের গানে,
    আমাদের ভাবনায়, চিন্তনে,
        স্বপনে, জাগরণে।

প্রতি বছর তাই বিভিন্ন জায়গা হতে
তোমার টানে ওরা আসে,
কবি, সবাই তোমাকেভালোবাসে।
স্রষ্টা তুমি, করে গেছ সৃষ্টি,
কেটেছে তোমার দিন
শ্রান্তিহীন, ক্লান্তিহীন, সৃষ্টির আনন্দে,
আজও জীবিত তুমি,
তোমার বিরচিত সুর, তাল, গানের ছন্দে।

'জগতের আনন্দযজ্ঞে আমার নিমন্ত্রণ',
'সার্থক জনম আমার জন্মেছি এই দেশে', -
সুরের লহরী আকাশে বাতাসে উঠেছিল ভেসে;
'আমার প্রাণের মানুষ আছে প্রাণে',
'গোধুলি গগনে মেঘে ঢেকেছিল তারা' -
সবার অন্তরে জাগিয়ে তুলেছিল সারা।

এবারের রবীন্দ্র-অনুরাগী আগের চেয়ে বেশী,
অনুষ্ঠান দীর্ঘতর।
এদিকে মধ্যগগনে সূর্য,
তার তপ্ত কিরণে দীপ্ত অম্বর।
গরমের দাপটে রবীন্দ্রঅনুরাগীদের
নিঃশব্দ পলায়ন।
যাদের অনুষ্ঠান এখনও বাকি

তারাই রয়েছে বসে,
কিংবা ইতস্ততঃ করছে পদচারণ।

কবি, তুমি সহেছ অনেক কিছু,
রোগ, দুঃখ, জ্বালা, গ্রীষ্ম, শীত, বর্ষা
তারই বিচিত্র অনুভুতিতে তোমার
সঙ্গীত গিয়েছে ভরি,
এসব কিছুই নয়,
হোক না একটু কষ্ট, আমরাও সহ্য করি।

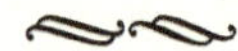

১৪৭
কবিতা

আমার নাম কবিতা -
কিন্তু নেই কোন মোর ছন্দ,
লোকে বলে আমার ভাগ্য নাকি মন্দ।

আমার বাবা মধুসূদন অধিকারী
এক প্রাইভেট ফার্মের অধঃস্তন কর্মচারী।
আমাদের সংসারে আমরা পাঁচ জন,
মা, বাবা, আমি, দাদা আর ছোট বোন।

এক বস্তিতে নোনাধরা দেওয়াল
আর আলো, বাতাসহীন এক ঘরে আমাদের বাস।
এটাই আমাদের একমাত্র আশ্রয়,
এইখানেই কাটে রাত্রি-দিন, বারো মাস।

আমার বোন পাড়ার
এক ছেলের সঙ্গে পালিয়ে গিয়ে
বিয়ে করল বাবা মাকে

কন্যাদায় থেকে মুক্তি দিয়ে।
আমার দাদা স্কুলের
পড়া ছেড়ে নাম লেখালে,
রাস্তার ধারে রোয়াকে বসে থাকা
চোর বদমাসের দলে।
মা চিররুগ্ন সদাই লেগে থাকতো
পেটের ব্যামো, সর্দি আর কাশি;
আমি রইলাম তাঁর সাথে
ছায়ার মত হয়ে সেবাদাসী।
এই জগতের বাইরে কোথাও যাইনি;
এসেছে প্রলয়, এসেছে ঝঞ্ঝা, এসেছে ঝড়,
এইভাবেই সেখানে কেটেছে আমার
সুখ দুঃখের বাইশটি বছর।

দুঃখ, যন্ত্রণার মধ্যেও শুয়ে শুয়ে
মায়ের কাছে শুনতাম রূপকথা,
কল্পনার পাখা মেলে উড়ে গিয়ে
ভুলে যেতাম মনের ব্যথা।
রাত্রে ঘুমিয়ে ঘুমিয়ে স্বপ্ন দেখতাম
অচীনদেশের কোন এক রাজকুমারকে।
'আমি তোমায় ভালবাসি' কানের কাছে
মুখটি নিয়ে বলছেসে কাছে ডেকে।
এর পর যখন ঘুম ভাঙত তখন দেখতাম
পড়ে আছি ছেঁড়া কাঁথায় শুয়ে;

শূন্যদৃষ্টি মেলে খোলা জানলা দিয়ে
আকাশের দিকে রইতাম চেয়ে।

একদিন মা জ্বরের ঘোরে আমাকে জড়িয়ে
প্রলাপ বকলো সারারাত ধরে,
আর ভোরের আলো ফোটার আগেই
চলে গেল আমাদের ছেড়ে চিরদিনের তরে।
মায়ের অভাবে ভেতরটা মোচড় দিয়ে উঠল,
আমার মধ্যে নেমে এল বিরাট এক শূন্যতা।
এখন আর ঘুমের ঘোরে স্বপ্নের মধ্যে
কোন রাজপুত্তরকে দেখি না।
ভেতরে শুধু এক অব্যক্ত যন্ত্রণা,
আর বাইরের চারিদিকে নিঃসঙ্গতা;
তবুও আছি তোমাদের মাঝে
অজানা অক্ষরে লেখা আমি 'কবিতা'।

১৪৮

নয়নতারা

ভাঙা বাড়ীর তলে জমেছে
    বালির স্তুপ আর আবর্জনা রাশিরাশি,
ফুটেছে সেথায় নয়নতারা ফুল,
    রৌদ্রালোকে দীপ্ত মধুর হাসি।

বার্তা শুনেছে কানে –
    ভাঙা স্তুপে গড়ে উঠবে প্রাসাদ,
তবুও থামেনি প্রাণের আবেগ,
    মুখে তার নেই কোনো অবসাদ।

১৪৯

আবরণ

সত্য রয়েছে ঢাকা মিথ্যার আবরণে,
বাসনাতাড়িত লোভাতুর মন,
অর্থ, সম্পদ, বিষয়আসয়
সদাই করিছে চিন্তন,
স্বার্থে স্বার্থে সংঘাত -
অন্তরের সম্পর্ক ছিন্ন করে,
পার্থিব সম্পদ আহরণের আশে
বাসনাচক্রের মাঝে ঘোরে।
সবকিছু পেয়েও মেটেনি তিয়াসা,
যেন হয়নি কিছুই পাওয়া,
এযে মিথ্যা মরিচীকার পিছে ধাওয়া।
এই মিথ্যা আবরণের অন্তরালে
গভীর গহনে,
সত্যেরে লব চিনে।

১৫০

আগুন

ধোঁয়া আগুন থেকে আসে,
 সেই আগুন অনেক রকম হতে পারে –
ধোঁয়া মানে শুধু কারখানা নয়,
 কিংবা কারখানা মানে শুধু ধোঁয়া নয়।

আগুন আপনাআপনি লাগে না,
কেউ লাগায়,
হিংসার আগুন এক জায়গা থেকে
 অন্য জায়গায় ছড়ায়;
তারই উত্তপ্ত হাওয়া এসে
 আধঘুমন্ত মানুষদের জাগায়।
পুড়ে ছাই হয়ে যায় বস্তির ঘরগুলো,
 সেখানে থাকা মানুষের বেঁচে থাকার উপকরণ,
পাশে পড়ে থাকা যতসব আবর্জনা।
কারোর মাথাব্যথা নেই
 কেউ তাকায়, কেউ তাকায় না।
ভদ্রলোকেদের ঘরে আগুন লাগে না,

আসে শুধু কুন্ডলীপাকানো ধোঁয়ার আবরণ,
আগুনের তাপ।
কিছুটা জাগে অপরের জন্য সহানুভুতি, সমবেদনা।
দমকল আসে, আগুন দেয় নিবিয়ে,
কিন্তু অন্তরের গহনে যে আগুন জ্বলে
তাকে কে নেবাবে?
যখন ওরা নিজেদের ঘর সামলাতে ব্যস্ত,
পুড়ে যাওয়া স্তুপীকৃত জিনিষের ওপরে বসে
ভবিষ্যতের কথা ভাবে,
আমরা তখন ধীর পদক্ষেপে যাই সরে,
ঘরে গিয়ে নিশ্চিন্তে পড়ি ঘুমিয়ে।
রোম পুড়ে গেলেও কার কি এসে যায়,
নীরোরা বীণা বাজায়।

১৫১

গোলাপ

গোলাপ তুমি
আজ সকালে
যদিও বা ফুটলে
তবে কেন মুখ লুকালে,
দেখো চেয়ে আকাশ ঝলমল,
শোনো তুমি পাখীর কোলাহল,
চারিদিকে খুশীর আমেজ ছড়িয়ে
মৌমাছিরা গেয়ে বেড়ায় গুনগুনিয়ে;
দেখো, ধরিত্রী আজ সেজেছে নূতন সাজে,
মুখ লুকালে কিসের লাজে !
ভরিয়ে তোলো সৌরভে
আপন গৌরবে
গোলাপ।

১৫২

স্বর্ণচম্পা

স্বর্ণচম্পা –

দেখতে সুন্দর,
মিষ্টি মধুর গন্ধ তার,
সেই ছোটবেলাকার কথা,
এখনও নাকে লেগে আছে
মনটা পুরোনো দিনে যায় চলে
মানসপটে ভেসে ওঠে ভাঙা বাড়ি,
তার পাশে বেশ বড় স্বর্ণচম্পার গাছ।
শ্যাওলা ধরা পাঁচিলে উঠে হাত বাড়িয়ে
পাড়ছি গাছের ডালে ফুটে থাকা ফুল,
সাজি ভরে ফুলগুলো ঘরে এনে
সাজিয়ে রাখি ঠাকুরের সামনে,
অন্তরের ভালোবাসা দিয়ে
ভক্তিভরে মাতৃচরণে
আমার নিবেদন,
স্বর্ণচম্পা।

১৫৩

শোকবার্তা

উপুড় হয়ে শায়িত,
নিথর নিস্পন্দ রক্তাক্ত এক দেহ,
পরনে ময়লা প্যান্ট আর বুশশার্ট,
পড়ে আছে ব্রীজের নীচে, পথের ধারে।
কেউ ফিরেও তাকাচ্ছে না,
নেই কারোর ভ্রুক্ষেপ,
কর্তব্যরত পুলিশ ওয়াকিটকি নিয়ে কিছুদূরে দাঁড়িয়ে।
কর্মব্যস্ত মানুষ পাশ কাটিয়ে চলে যায়,
শবদেহটা নিয়ে নেই তাদের মাথাব্যথার কারণ,
দপ্তরে তাদের পৌঁছতে হবে নির্দ্দিষ্ট সময়ের আগে,
তবে কেন মিছামিছি সময়ের অপচয়।

জীর্ণ পোষাক পরা ছোট্টছেলেটি,
নাম কেউ জানে না,
হঠাৎ কোথা হতে এল চুপিসারে, শান্ত পদক্ষেপে,
নেই তার কোন কর্মব্যস্ততা,
দাঁড়িয়ে থাকে একা,

অপলক দৃষ্টিতে থাকে চেয়ে।
এরপর চোখের জল বাধা মানে না,
টপটপ করে গড়িয়ে পড়ে শবদেহের ওপর।
অলক্ষ্যে লেখা হয়ে যায়
মৃত ব্যক্তিটির জন্য এক অবহেলিত
মানুষের শোকবার্তা।

১৫৪

রোজনামচা

দিল্লীতে
যেমন ঠাণ্ডা, তেমনি গরম,
হাড়কাঁপানো শীত, গরমে প্রাণ আইঢাই,
সকালে রাস্তায় দেখা হলে, “রাম, রাম”।
ছেলে, বুড়ো সকলেই ভোর হতেই উঠে পড়ে;
তারপর কর্মব্যস্ততা,
সকালে ভ্যানগাড়ি
দরজার সামনে এসে
দাঁড়িয়ে হর্ণ দেয়।
রাস্তায় রেরোলেই বোঝা যায় কারোর একটু
দাঁড়নোর সময় নেই,
সিগন্যাল কেউ মানে, কেউ মানে না;
লোকের মধ্যে কোনো বিবাদ নেই,
কখনো কখনো বিবাদ হয় গাড়ি পার্কিং নিয়ে,
সবাই যে যার বাড়ির সামনে রাস্তায় রাখে।
সব্জিওলা, মাছওলা, দোকানি, ট্রাভেলার্স,
প্রিন্টার্স, নমকিন বিক্রেতা সবাই বিজনেস মাইণ্ডেড,

জানে কি করলে খদ্দের খুশি হয়,
রাস্তার ফুটপাত দোকানিদের দখলে।
রুটি, চাট, আলুর টিকিয়া, গোলগাপ্পা,
মোমো, এগরোল, চাউমিন, ইডলি, দোসা
লোকে রাস্তায় দাঁড়িয়ে দাঁড়িয়ে খাচ্ছে।
বিয়েবাড়ির নেমন্তন্নে বিস্তর খাওয়ার আয়োজন,
কোনো কার্পণ্য নেই,
যেটা খুশি যত খুশি খাও,
তখন মনে হয়,
রাজনীতি আছে, তবে সাধারনত কেউ
এসব নিয়ে মাথা ঘামায় না।
ভোট সবসময় শান্তিপূর্ণ,
কোনো মারামারি নেই, বুথ-ক্যাপচার নেই।
সবাই খুব মস্ত্।
সমস্যা একটাই,
শীতকালে খুব শীত,
গ্রীষ্মে বেজায় গরম।

১৫৫

নাম-না-জানা গাছ

আমি একটা নাম-না-জানা গাছ,
এখন আর ছোট নই।
বেশ কয়েকটি বছর হয়ে গেছে পার,
মাটি থেকে রস আস্বাদন করে
আস্তে আস্তে উঠেছি বেড়ে,
আর সকলের সাথে
সুখ দুঃখ ভাগ করে।
সকলের সাথে আছি
ডালপালা আমার
প্রসারিত চারিধার।
হয়েছি কতবার
প্রকৃতির রোষের শিকার।
দেখেছি ঝড়, দেখেছি তুফান, জলের প্লাবন,
মাটিশুদ্ধু উপড়ে পড়া মহীরূহের পতন;
দেখেছি গাছ কেটে বানাতে
জনপথ, অট্টালিকা সারি সারি,
কত ফুল ফুটেছিল, কত সব গিয়েছে ঝরি।

সয়েছি অনেক যাতনা, শোক, দুঃখ, তাপ;
অনাবৃত দেহে শীতের কাঁপুনি,
গ্রীষ্মের প্রখার রৌদ্রতাপ।
কেউ চিনুক, না চিনুক আজও আছি বেঁচে
নিজের অস্তিত্ব বজায় রেখে,
মসৃণ নয় এই জীবনের পথ;
অতীতকে পেছনে ফেলে এগিয়ে চলেছি
অনির্দিষ্ট ভবিষ্যতের দিকে।

১৫৬

খুঁজে বেড়াই

ক্ষুদ্রতা ত্যাজি বৃহতের মাঝে
নিজেকে খুঁজে বেড়াই;
অজ্ঞানতা ছেড়ে জ্ঞানের মাঝে
নিজেকে খুঁজে বেড়াই;
অন্ধকার থেকে আলোর দিকে
নিজেকে খুঁজে বেড়াই;
দুঃখ যন্ত্রণা থেকে আনন্দেতে
নিজেকে খুঁজে বেড়াই;
ভেদাভেদ ভুলে সবার মাঝে
নিজেকে খুঁজে বেড়াই;
সংকীর্ণতা থেকে অসীমের মাঝে
নিজেকে খুঁজে বেড়াই;
স্বার্থান্ধতা ভুলে ভালোবাসার মধ্যে
নিজেকে খুঁজে বেড়াই;
সোহম্, সর্বং খল্যুদং ব্রহ্ম,
জগতে আর কিছু নাই।

১৫৭

অন্বেষণ

শান্তি –

খুঁজতে খুঁজতে
চলে যাই পাহাড়ে,
সুউচ্চ ঝাউগাছের নীচে
বসে থাকি একা,
চারিদিকে পাহাড়ের শ্রেণী,
নীচ দিয়ে বয়ে যাচ্ছে খরস্রোতা
নদী কুলু কুলু স্বরে,
সন্ধ্যেবেলায় বাসায় ফেরার পথে
দাঁড়িয়ে দেখি পথের ধারে
মন্দিরে বিগ্রহের আরতি,
ঘন্টার আওয়াজ প্রতিধ্বনিত
হয়ে ফিরে আসে।
কিংবা চলে যাই সমুদ্র সৈকতে,
একাকী বসে চেয়ে থাকি,
দেখি বিরামহীন আছড়ে পড়া
ঢেউএর জলোচ্ছাস;

নিজেকে প্রসারিত করে দিই
ক্ষুদ্রতার বেড়া ভেঙে,
শান্তি খুঁজে বেড়াই অন্তর গহনে,
সেখানে জ্বলছে শান্তির দীপ সতত।
মনে হয় যাকে খুঁজি বাইরে
তিনি রয়েছেন আমার মাঝে,
শুধু আমারই মাঝে।

১৫৮

ছেলেবেলার দিনগুলো

ছেঁড়া কাঁথায় শুয়েও আনন্দ ছিল,
বন্ধুদের সাথে এক্কা-দোক্কা, পিট্টু খেলাতে আনন্দ ছিল,
সকলে মিলে গঙ্গার জলে সাঁতার কাটতে আনন্দ ছিল,
কাশফুলের জঙ্গলের ভেতর দিয়ে ছোটার মধ্যে আনন্দ ছিল,
গরীবী ছিল, দুঃখ ছিল, যন্ত্রণা ছিল, তবু আনন্দ ছিল,
কি পেলাম, কি পেলাম না এসব চিন্তা থেকে
মুক্ত মনে আনন্দ ছিল,
বর্ষার দিনে ছাদের নল দিয়ে আসা নোংরা জলে
চান করতে আনন্দ ছিল,
মা যখন শুয়ে শুয়ে মাথায় হাত বুলিয়ে দিত
তখন তাঁর স্নেহ মমতার পরশে আনন্দ ছিল।

১৫৯

ট্রেন চলেছে হেলে দুলে

ট্রেন চলেছে হেলে দুলে,
কখনো ধীরে, কখনো জোরে।
যাত্রীরা কেউ জেগে,
কেউ ঘুমিয়ে,
কেউ বসে, কেউ শুয়ে
কারা সব তাস খেলে
কোঁচায় কাপড় মেলে।
টু হার্টস নো ট্রাম্প থ্রী স্পেডস
মাঝেমাঝে হুঙ্কার শোনা যায়
ইঞ্জিনের ঝক্‌ঝক্‌ শব্দ ভেদ করে।
আমি বসে থাকি জানলা দিয়ে
বাইরের দিকে চেয়ে।
ছোট ছোট চাষা গাঁ, ছোট ছোট বাসা,
বিচুলি-ছাওয়া ঘর, মাটির দেওয়াল,
লাউশাক উঠেছে চালে,
আমবাগান, কলাগাছ, আখের ক্ষেত,
মাঠের মধ্যে সরু সাদা রাস্তা

গেছে চলে দূরে, বহু দূরে।
এখন গ্রীষ্মকাল –

ঝুলছে আম গাছের ডালে ডালে,
কৃষ্ণচূড়ার মেলা গাছের শাখে শাখে।
প্রকৃতি নানান রঙের ছবি আঁকে
কিসের প্রয়োজনে
আনমনে।

১৬০

কু-ঝিক্-ঝিক্

ইঞ্জিনের হুস্‌হাস্ শব্দ,
কয়লার কালো ধোঁয়া,
ষ্টেশনে গাড়ি থামল,
কুলিদের দাপাদাপি,
মাল নিয়ে টানাটানি,
যাত্রীদের ছোটাছুটি,
হাতে জলের বোতল,
কারোর কাছে পুরি সব্জি,
খদ্দেরকে কাছে পেয়ে
চাওয়ালা চা দিচ্ছে ঢেলে,
প্লাটফর্মে লোকের ভীড়;
এরই মাঝে পরিচিত জন
দূর থেকে দেখতে পেয়ে
কাছে এসে বলল, চলুন,
গাড়ি নিয়ে এসেছি সাথে,
পৌঁছতে ঘন্টাখানেক লাগবে।
ব্যাগটা নিয়ে হনহন করে

চলল ওভারব্রীজের দিকে,
আমি চলেছি তার পেছনে।
গার্ডের ঝাণ্ডায় সবুজ কাপড়,
বাঁশি বাজল, গাড়ি ছুটল
কু-ঝিক্-ঝিক্।

১৬১

একটি বছর

আমর জীবনে দেখা এক অভিশপ্ত বছর –

রস্তাঘাট জনমানবশূন্য, নিঝুম চারিধার,
দোকনপাট সব বন্ধ,
বাতাসে দমবন্ধ করা কি এক গন্ধ;
সকলের মনে ভয়,
এই বুঝি কিছু হয়।
সংক্রামক করোনার আতঙ্কে ভীত সবাই,
কেউ বাকি নেই।
অনেক কিছু থেকেও নেই,
হাসপাতাল আছে, বেড নেই,
রোগীর চিকিৎসার অক্সিজেন নেই,
মুমুর্ষ রোগীকে দেখার কেউ নেই,
খাবার নিয়ে যাবার লোক নেই,
চোখের দৃষ্টি নেই,
কানে শোনার ক্ষমতা নেই,
চলার শক্তি নেই,
হাত দিয়ে কাজ করার ক্ষমতা নেই,

মনের ইচ্ছা নেই,
বোঝার ক্ষমতা নেই,
চেতনা থাকতেও চেতনা নেই।
কিসের দম্ভ, মদমত্ততা,
কিসের এই উন্নত সভ্যতা !
এসো বন্ধু, জোট বাঁধি,
জড়তা যাক্ কেটে,
ভয়ের শৃঙ্খল যাক্ টুটে,
তামসিকতার অন্ধকার হতে একই প্রাণে উঠি জাগি।
একে অপরকে দোষারোপ নয়,
সংহত শক্তি দিয়ে করোনাকে করি প্রতিহত।
সংকল্পে থাকি অটুট,
জয়ী আমরা হবো নিশ্চয়।

"...let thy toil be vast." Savitri

১৬২

যখন ছোট ছিলাম

যখন ছোট ছিলাম
তখন বাইরের রকে শুয়ে থাকতাম উঠে খুব ভোরে;
যখন ছোট ছিলাম
তখন কোষ্ট কোষ্ট পেয়ারা খেতাম উঠে গাছে চড়ে;
যখন ছোট ছিলাম
তখন মাথা ফাটিয়ে বাড়ি ফিরেছি বন্ধুর সাথে মারামারি করে;
যখন ছোট ছিলাম
তখন বোলতার চাকে ঢিল মেরে মুখ ফুলিয়ে ফিরেছি ঘরে:
যখন ছোট ছিলাম
তখন বন্ধুদের সাথে সিনেমা দেখেছি স্কুল কামাই করে;
যখন ছোট ছিলাম
তখন খালি পায়ে ঘুরে বেড়িয়েছি বনে-বাদারে;
যখন ছোট ছিলাম
তখন পুকুর থেকে মাছ ধরেছি কঞ্চি ছিপে করে।

১৬৩

নেশা

কতরকমের নেশা –

আগে ছিল একরকম, এখন অন্য;
সময়ের আর বয়েসের সাথে সাথে
নেশাও যায় বদলে।
আগে ছিল খেলার নেশা - তাসখেলা,
দাবাখেলা, ক্রিকেট খেলা, গুলিখেলা,
লাট্টুখেলা, ডাঙাগুলি, লুডোখেলা।
ছিল ঘুড়ি ওড়ানোর নেশা,
পায়রা পোষার নেশা,
ছিপ দিয়ে মাছ ধরার নেশা।
অনেকের ছিল পান খাওয়ার নেশা,
ঘরে ঘরে থাকত পানের ডিব্বা,
তার সাথে রকমারি মশলা;
আর ছিল সিগারেটের নেশা,
বড়রা খেতো, ছোটদের খাওয়া মানা,
ছোটরাও খেতো লুকিয়ে,
গুরুজনদের বকুনি এড়াতে

আমিও খেয়েছি লুকিয়ে,
পরে বন্ধুদের সঙ্গে স্ট্রান্ডে বসে
একসঙ্গে খেয়েছি সিগারেট;
কারোর কারোর আছে নেশা,
না খেলে ঘুম হয় না, বুদ্ধি খোলে না;
আমার নেশা-ফেশা ছিল না,
তবু খেয়েছি অপরের দেখাদেখি।
এখন মানুষ নেশা অন্য -
মদের নেশা, টিভি দেখার নেশা,
সকাল সন্ধ্যায় হাঁটার নেশা,
সবসময় মোবাইল নিয়ে পড়ে থাকার নেশা,
রাজনীতি করার নেশা,
লোকের সাথে অযথা তর্ক করার নেশা,
খুঁচিয়ে ঘা করার নেশা,
কারোর কারোর এসবের বালাই নেই,
তাদের নেশা বইপড়া, লেখালেখি,
কেউ পড়ুক বা না পড়ুক।

১৬৪

ইচ্ছে

ইচ্ছে করে নতুন করে
আবার শুরু করি,
মেঠো পথ ধরে যাই
গরুরগাড়ি চড়ি।
ইচ্ছে করে নদীর জলে
চান করতে যাই,
গাছে চড়ে পেয়ারা পেড়ে
সবাই মিলে খাই।
''চাই খেজুরের রস''
ফেরিওয়ালা যেত
রাস্তা দিয়ে হেঁকে,
জানলা দিয়ে হাত বাড়িয়ে
নিতাম তাকে ডেকে।
ইচ্ছে করে বন্ধুরা মিলে
খেলি একসাথে,
সুতো বেঁধে ছুড়ে দিয়ে
লাট্টু ঘোরাই হাতে।

১৬৫

বিবাদ

বিবাদ,
রকমারি বিবাদ,
মতের মিল না হলে বিবাদ,
বাসে বসার সিট নিয়ে বিবাদ,
মাছের মুড়ো ল্যাজা নিয়ে বিবাদ,
অপরের গাছে পেয়ারা পাড়া নিয়ে বিবাদ,
হাত থেকে কাঁচের বাসন পড়ে ভেঙে গেলে বিবাদ,
দেওয়াল জলে ভিজে যাওয়ায় চারতলায় বলতে গেলে বিবাদ,
রাজনৈতিক দলগুলোর রেষারেষির জন্যে বিবাদ,
সিনেমা হলে টিকিট কাটা নিয়ে বিবাদ,
পছন্দের জিনিস না পেলে বিবাদ,
শুধু স্বার্থ, স্বার্থে স্বার্থে সংঘাত,
ঘুচুক সকল বিবাদ,
অবিসংবাদ।

১৬৬

উপেক্ষা

তুমি চেয়েছিলে আমার পানে,
আমি চেয়ে দেখিনি,
তুমি চেয়েছিলে আমার কাছে,
আমি দিতে পারিনি,
তুমি এসেছিলে আমার কাছে,
আমি যেতে পারিনি,
নীরবে পাশে এসে দাঁড়িয়েছিলে,
আমি কোনো কথা বলিনি,
তুমি দিয়েছিলে উজার করে,
আমি কিছুই দিতে পারিনি,
তোমার একরাশ বেদনার মাঝে
আনন্দের ফুল ফোটাতে পারিনি,
শুধু কথা দিয়ে তোমাকে ভুলিয়ে রেখেছি,
সময় থেমে থাকেনি।

১৬৭

সময়

জীবনে
কখনো ভালো,
আবার কখনো মন্দ,
কখনো সুখ, কখনো দুঃখ,
কখনো শরতের নীল আকাশ,
কখনো আবার বর্ষার কালো মেঘ,
সময়ের সাথে সাথে সবকিছু যায় বদলে,
আমরাই শুধু পুরোনো জিনিস আঁকড়ে থাকি,
নিজেদের কাছে নিজেদেরকেই দিই ফাঁকি।
অতীতকে ফেলে সময় এগিয়ে যায়,
পরপর আনে চোখের সমুখে,
হাতছানি দিয়ে ডাকে
বারে বারে
সময়।

১৬৮

না-পারা

আমি চেয়েছি,
পারিনি গাছটিতে ফুল ফোটাতে;
আমি চেয়েছি,
পারিনি ছাদের ওপরে ঘর করতে;
আমি চেয়েছি,
পারিনি সকলকে সমান দৃষ্টি দিয়ে দেখতে;
আমি চেয়েছি,
পারিনি নিজেকে তোমার কাছে সঁপে দিতে;
আমি চেয়েছি,
পারিনি জলের স্রোতে স্থির হয়ে থাকতে;
আমি চেয়েছি,
পারিনি বাঁশের খুঁটিটা শক্ত করে ধরতে;
আমি চেয়েছি,
পারিনি কামনা-বাসনাকে জয় করতে;
আমি চেয়েছি,
পারিনি নিজেকে ভুলে থাকতে।

১৬৯

যেতে নাহি দিব

আমি ছিলাম অনন্ত চৈতন্যের সাথে মিশে
হয়ে একাকার, ছিল না কোনো ভেদাভেদ,
'তুমি' 'আমি' ছিল না কিছুই,
ছিল না কামনা-বাসনা,
কোনো ভাবনা, কোনো অনুভুতি।
হঠাৎ কোথা হতে বাসনার হলো উদ্রেগ,
''জন্ম নেব এই পৃথিবীর 'পরে মাতৃজঠরে।''
স্নেহ, ভালোবাসার মধুর জীবন,
চারিদিকে তার আনন্দের উপকরণ।
এরপর এল ভাবনা, তীব্র ভাবনা, চিন্তা, জটিলতা,
নিম্নবৃত্তির জটিল জাল ঢেকে দিল সবকিছু,
আষ্টেপৃষ্ঠে দিলো বেঁধে।
আত্মসচেতনা উঠলো জেগে,
সেই জাল ছিঁড়ে বেরিয়ে আসার আকুতি।
তবু কে যেন প্রতিনিয়ত পথ রোধ করে দাঁড়ায়,
দু'বাহু প্রসারিত করে বলে
''যেতে নাহি দিব''।

১৭০
লাইন

কি দাদা, এলেন পরে,
আর দাঁড়িয়ে গেলেন আগে,
আকাট লোক তো মশাই আপনি,
দাঁড়িয়ে আছি কখন থেকে -
পেছনের লোকগুলো তারস্বরে করে হম্বিতম্বি;
মশায়ের বয়েসই হয়েছে
হয়নি জ্ঞানগম্যি।
ফর্মটা দেখে দিদিমনি বলেন
বসন্তবিলাপে অপর্ণার স্টাইলে,
ফর্ম ইনকমপ্লিট, আবার আসুন, নেক্সট।
মাথা নিচু করে এলাম চলে।
জীবনে লাইনে দাঁড়িয়েই
কেটে গেছে কতটা সময়,
রেশনের লাইন,
ফর্ম নেওয়ার লাইন, জমা করার লাইন,
গ্যাস বুকিংএর লাইন,
টেলিফোনের কাউন্টারে লাইন,

রেলের রিজারভেশনের জন্য লাইন;
সবই তো নিজেকেই করতে হয়।
এখানে কেউ কারোর নয়,
দাঁড়িয়ে থেকে মাশুল গুণতে হয়;
কোমর টনটন, গায়ে ব্যথা, মাথাধরা –
শীত, গ্রীষ্ম, বর্ষা মাথায় রেখে
দীর্ঘ লাইনে রই দাঁড়িয়ে;
শ্লথগতিতে লাইন চলে এগিয়ে।

১৭১

স্টেপ ব্যাক

লোকটা
চিনি তাকে
ছোটবেলা থেকে,
আমরা একই সাথে
খাবার খাই, ঘুরে বেড়াই,
তার সুখ দুঃখের গল্প শোনায়;
যতই আসে কাছে, আমি সরে দাঁড়াই
যত দূরে সরে যাই ততই শান্তি পাই
ভাবি এই দুঃখ আমার নয়, তার,
এই মন আমার নয়, তার,
বাসনা কামনা তার,
চিনি তাকে
লোকটা।

১৭২

নেই

মনের জানলা বন্ধ,
নেই শীতল দখিন হাওয়া;
পরীক্ষার পরে হরিপালে
নেই পিসীর বাড়ি যাওয়া;
ছুটির দিনে নদীর জলে
নেই নৌকায় দাঁড় বাওয়া;
বৃষ্টির দিনে ঘরে বসে
নেই নারকোল মুড়ি খাওয়া;
বিশ্বকর্মা পুজোর দিনে
নেই ঘুড়ির পেছন ধাওয়া;
বাতরুমেতে চানের সময়
নেই বেসুরো গান গাওয়া;
ছিপ নিয়ে এঁদো পুকুরে
নেই মাছ ধরতে যাওয়া;
মেয়েরা সব স্কুলে গেলে
নেই আড়চোখেতে চাওয়া;
এখন শুধু দূরে দূরেই থাকি,
নেই তোমায় কাছে পাওয়া।

১৭৩

রাজনীতি

রাজনীতি তো একটা খেলা বৈ তো নয়,
নিশ্চিত করে বলা যায় না
কে জিতবে, কার হবে পরাজয়।
নেতাদের মধ্যে খেলা
আর কুরুচিপূর্ণ কথা বলা।
দর্শকদের আসনে বসে
আমরা খেলা দেখি,
একদলকে সমর্থন করে
অন্যকে দোষারোপ করে থাকি।

১৭৪

বার্ধক্য

এখন শক্ত জিনিস খেতে পারি না,
খেলে দাঁতে বড় লাগে;
এখন জোড়ে জোড়ে পা ফেলে ওপর নীচ
করতে পারি না;
করলে হাঁটুতে ব্যথা হয়;
ভীড়ের মধ্যে দিয়ে অবলীলাক্রমে সকলে
যখন রাস্তা পাড় হয়ে যায়,
আমি তখন দাঁড়িয়ে থাকি;
গাছের ফাঁক দিয়ে বিষন্ন ছায়া ফেলে
সূর্য অস্ত যাচ্ছে;
আমি চেয়ে দেখি।

১৭৫

দালাল

দালাল

সব জায়গায়,

জমি কেনাবেচায়,

হাসপাতালে ভর্তি হতে,

ডাক্তারের কাছে নাম লেখাতে,

গাড়ির লাইসেন্স রিনিউ করাতে,

কোথাও ফর্ম জমা করতে,

তুমি কাউকে চেনো না,

চেনার দরকার নেই,

দালালকে চেনো,

শুধু তাকে।

১৭৬

বাঁক

বাঁক -

জীবনে

গোঁফ ওঠা,

দৌড়নো বন্ধ হওয়া,

পড়ার পর চাকরিতে ঢোকা,

বাথরুমে বেসুরো গান বন্ধ হওয়া,

চশমা ছাড়া পড়তে না পারা,

নিজের সংসার হওয়া,

ব্লাডে সুগার পাওয়া,

হাঁটুতে ব্যথা,

দাঁত পড়া,

জীবনে

বাঁক।

১৭৭

জাগা

রাতের পাহারাদার হাঁকে,
অসহায় ভয়ার্ত পাখি ডাকে,
পুঞ্জীভূত বেদনা ভেসে উঠি
মনের ক্যানভাসে হিজিবিজি আঁকে,
আমি থাকি জেগে।

আকাশের বুকে সূর্যের আলোকে
রঙিন মেঘেরা আলপনা দেয় এঁকে,
রাস্তার ফেরীওয়ালারা হাঁকে,
আনন্দে উদ্বেলিত পাখিরা ডাকে।
সোনালী রোদ্দুর গায়ে মেখে
আমি উঠি জেগে।

১৭৮

আইনস্টাইন ও ইন্দুবালা

বিজ্ঞানী হেরে যায় চিত্রতারকার কাছে।
সর্বত্র চিত্রতারকার ছবি,
সিনেমার পোষ্টারে,
সাবানের বিজ্ঞাপনে,
গন্ধতেলের বিজ্ঞাপনে,
শাড়ির বিজ্ঞাপনে।
এমন একজন সুপ্রসিদ্ধ ব্যক্তির শুভাগমনে
রানাঘাটের মতো এঁদোপড়া জায়গায়
মানুষের মন কাড়ে;
মানুষের ঢল নামে বাণী সিনেমা গৃহে।
গন্যমান্য ব্যক্তিদের কেউ নেই বাকি,
মিউনিসিপ্যালিটির চেয়ারম্যান,
ভাইস চেয়ারম্যান,
স্কুলের হেডমাষ্টার, উকিল, মোক্তার,
সরকারি কর্মচারী,ব্যবসাদারেরা,
ছেলে-বুড়ো, নর-নারী সবাই।
ভেস্তে গেল মিউনিসিপ্যাল হলে

রায়বাহাদুরের ডাকা বিজ্ঞানতপস্বীর
বক্তৃতার আসর।
খবরে প্রকাশ, বাণী সিনেমার হলে
ইন্দুবালার নৃত্যের সময় উপস্থিত ছিলেন
স্বয়ং আইনস্টাইন।

(বিভূতিভূষণ বন্দ্যোপাধ্যায়ের শ্রেষ্ঠ গল্পের মধ্যে অন্যতম ‘‘আইনস্টাইন ও ইন্দুবালা’’। অবশ্যই রূপক।)

১৭৯

ভুলে থাকা

ভুলিয়ে দাও।

দেহ, মন, প্রাণের আর্তি,

ভুলিয়ে দাও।

সুখ, দুঃখ, মান, অভিমান,

ভুলিয়ে দাও।

কে কি বলল তাই নিয়ে মনে করা

ভুলিয়ে দাও।

মনের অপবিত্র চিন্তা,

ভুলিয়ে দাও।

অস্থির মনের চঞ্চল ভাবাবেগ,

ভুলিয়ে দাও।

অহংকার, সংকীর্ণতা, কামনা, বাসনা,

ভুলিয়ে দাও।

হিংসা, বিদ্বেষ, নীচাশয়তা,

ভুলিয়ে দাও।

পুরোনো যত অভ্যাস, লোভ, লালসা,
ভুলিয়ে দাও।
অসহনীয়তা, দ্বন্দ্ব, বিবাদ,
ভুলিয়ে দাও।

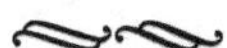

১৮০

ঔপনিবেশিকতা

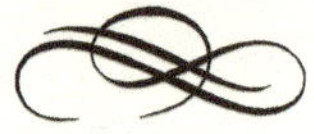

ঔপনিবেশিকতার দিন শেষ,
তবু ইংরাজদের ভাষা সংস্কৃতিতে মোড়া,
পরাধীনতার দাসত্ব শেষ,
তবু তাদের ভাষা সংস্কৃতি আগাগোড়া।
লেখা পড়া সব ইংরেজিতে,
পড়ার শেষে পরীক্ষা ইংরেজিতে,
চাকরির ইন্টারভিউ ইংরেজিতে,
কাজকর্ম, কথাবার্তা সব ইংরেজিতে।
মাতৃভাষাটা কোনো ব্যাপার নয়,
জানলেও চলে, না জানলেও চলে,
ইংরেজি না জানলে সব অচল।
আদব কায়দা, বেশভূষা সব ইংরেজের;
খাওয়া দাওয়া, রুচিসব ইংরেজদের থেকে নেওয়া;
তাতেই আমাদের গর্ব,
নিজস্বতা আমাদের কিছুই নেই।
ছিল একসময়ে উৎকৃষ্ট উন্নতমানের এক সংস্কৃতি,
আজ নেই তার ছিটেফোঁটা।

ওরা ওদের নকল করতে শিখিয়েছে,
আমাদেরকে ভুলে থাকতে শিখিয়েছে।
গর্ব করার মতো নেই কিছু আমাদের নিজেদের,
আজ ভুলে থাকাটাই গর্বের।

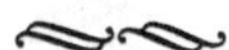

১৮১

আমার লেখা

আমার লেখা কেউ পড়ুক না পড়ুক,
কিছু যায় আসে না;
আমার লেখা উইয়ে নষ্ট করে দিক,
কিছু যায় আসে না;
তবু লিখি, লিখে যাই।
লিখি জীবনের গাথা, জগতের কথা,
ভালো, খারাপ নানান অভিজ্ঞতার কথা,
মান অভিমান, সুখ দুঃখের কথা;
আর্ত মানুষের বেদনার কথা,
জীবনযুদ্ধে ক্লান্ত মানুষের যন্ত্রণার কথা,
হতাশাগ্রস্থ, নিপীড়িত মানুষের কথা,
মনের মাঝে ভেসে
ওঠা নানান অনুভুতির কথা,
কল্পনায় গড়া এক স্বপ্নের পৃথিবীর কথা।
আমি লিখি, লিখে শান্তি পাই;
রচনাশৈলীর স্রোত বেয়ে
মহাকালের মাঝে হারিয়ে যাই।

১৮২

বর্তমান

এখনকার দৃষ্টি দিয়ে বর্তমানকে
যখন দেখি তখন মনে হয়,
মিথ্যাটা মিথ্যা নয়,
অসভ্যতাটা অসভ্যতা নয়,
পাপাটা পাপ নয়,
ঘুষ নেয়াটা কোনো অপরাধ নয়,
কোনো ঘটনা দুঃখজনক হলেও দুঃখের নয়,
এরকম তো কত হচ্ছে, শুধু এখানেই নয়,
সব জায়গাতেই হয়;
এসব ভেবে দুঃখ, হতাশা, বেদনা নিয়ে
বেঁচে থাকাটা বাঁচা নয়,
এটাই যুগের নিয়ম;
যুগের সাথে তাল মিলিয়ে চলতে হয়,
সবকিছু মেনে নিতে হয়,
সবকিছু দেখেও চুপ করে থাকতে হয়।
কিন্তু এটাও ঠিক মিথ্যা, অন্যায়, অত্যাচার,
পাপকর্ম, স্বার্থের মধ্যে

বেঁচে থাকাটা বাঁচা নয়।
নইলে চোরা বালির নীচে
মৃত্যুর ফাঁদে তলিয়ে যেতে
বেশী লাগবে না সময়।

১৮৩

আত্মনির্ভরতা

ছোট্ট একটা শব্দ, 'আত্মনির্ভরতা',
এর থেকেই আসতে পারে পারস্পরিকতা,
সহযোগিতা, সহমর্মিতা।
আমি অনেকের সাথে একমত,
যতই থাকুক ধর্ম, রাজনীতির ব্যবধান,
আমাদের সকলের একই দিশা, একই পথ –
নিজেদেরটা নিজেরাই দেখো,
এটাই হোক আজকের দিনের মন্ত্র,
জন্ম নিক্ নতুন এক গনতন্ত্র।
হে নবজীবনের দূত,
লড়াই ঝগড়া নয়,
শান্তির পথ ধরে চল,
পরস্পরের মধ্যে বিভেদের প্রাচীরটা ভেঙে
ঐক্য, সংহতি গড়ে তোলো;
এই স্বার্থ, হিংসা, দ্বেষ, অশুভ ভাবনা ত্যেজে
নিয়োজিত হোক জীবন তোমার মানুষের কল্যাণকাজে।
সেই দিন আর বেশী দূরে নয়

যখন থাকবে না শোষন, নির্যাতন,
সবাই হবে স্বাধীন, থাকবে না কোনো বন্ধন,
কে যেন বলেছিলেন, শাসনহীন, শোষনহীন সমাজ,
সেই দিকেই সবাই চলেছি আজ;
চল বন্ধু দুর্গম পথ ধরে এগিয়ে চলি আমরা,
লক্ষ্য নয় আর বহু দূরে;
আশার আলোয় ভরবে আকাশ
নতুন যুগের ভোরে।

১৮৪

মন চল নিজ নিকেতনে

মন চল নিজ নিকেতনে;
নিরন্তর যেসব দুশ্চিন্তা করে বিব্রত
সেসব থেকে মুক্তকরে চল নিজ নিকেতনে;
আবেগের দ্বারা পরিচালিত না হয়ে
যুক্তিতর্কের উর্ধ্বে চল নিজ নিকেতনে;
বর্হিমুখী বেগ থেকে বিরত হয়ে
অন্তঃপুরে চল নিজ নিকেতনে;
অশান্ত কর্মকোলাহল হতে মুক্ত হয়ে
চল নিজের শান্তির নিকেতনে;
কামনা-বাসনার দাসত্ব থেকে মুক্ত হয়ে
চল আত্মপ্রতিষ্ঠের নিকেতনে;
মিথ্যা মরীচিকার পেছনে ছুটে না চলে
চল বন্ধনহীন সত্যের নিকেতনে;
লোভ লালসার জঞ্জাল থেকে মুক্ত হয়ে
চল নির্লোভ নিত্যতৃপ্তের নিকেতনে;
দেহ, মন, প্রাণের অহংকারের বেড়া ভেঙে
চল উন্মুক্ত উদার নিকেতনে;

সমালোচনা, পরশ্রীকাতরতার দীনতা ঘুচিয়ে
চল ভালোবাসা, করুণার নিকেতনে;
রোগ, দুঃখ, জরা, ব্যাধি থেকে মুক্ত হয়ে
চল নিজের আনন্দনিকেতনে;
পার্থিব জীবনের চাওয়া পাওয়ার সব হিসেব চুকিয়ে
চল নিজ নিকেতনে।

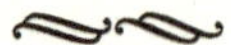

১৮৫

রুচি

সবার
রুচি এক নয়
খেতে ভালোবাসে,
বই পড়তে ভালোবাসে,
কেউ ঘুরতে ভালোবাসে,
কেউ কেউ আছে বেহিসেবি,
কেউ গান গাইতে ভালোবাসে,
কেউ নিত্য হিসেবের খাতা লেখে,
ভালোবাসে টিভির সিরিয়াল দেখতে,
ভালোবাসে অন্যের সমালোচন করতে,
বিষয় আশয়ে মানুষের মন আটকে থাকে।
কখনো কেউ কানে কানে শোনায় অন্য কথা,
গভীর ঘুম থেকে টেনে জাগিয়ে তোলে।
ভাবি, কোথাও যেন আটকে আছি,
আষ্টেপৃষ্ঠে বাঁধা পড়ে আছি
জাগতিক মোহের জালে;
মুক্তির পথ বেড়াই খুঁজে

আপনার অন্তরে

সত্তার গভীর

গহনে।

১৮৬

দৃষ্টি

চোখের দৃষ্টি
সবকিছুই বলে দেয়।
চোখ শুধু সামনের জিনিসই নয়,
চারিদিক দেখতে পায়,
শুধু বর্তমান নয়, ভবিষ্যতও।
চোখ বলে দেয় মানুষ কেমন,
কুটিল, জটিল না সরল,
স্বার্থপর, না নিঃস্বার্থ,
সেবাপরায়ন না গোছাতে ব্যস্ত,
সতর্ক, না অসতর্ক,
ধৈর্যশীল, না অধৈর্য,
কার কি গুণ, কার কি দোষ;
চোখের দৃষ্টিতে ফুটে ওঠে
হৃদয়বৃত্তি, মনের ভাবনা।
মানুষ চোখ দিয়ে দেখে;
শুধু দেখে নয়, কথা বলে;
মানুষের কাছে পৌছে দেয়

অন্তরের বার্তা,
জগত সংসারকে আপনার করে নেয়,
আবার দূরে সরিয়ে দেয়।

১৮৭

কথা

কথা
লোকে বলে
প্রয়োজনে অপ্রয়োজনে,
প্রয়োজন ফুরোলে কথা বন্ধ।
জিজ্ঞেস করলে বলবে, সময় নেই
কেউ কেউ আছে যারা কম কথা বলে,
শুধু জিজ্ঞেস করলে, উত্তর করে এককথায়,
কেউ স্পিকটি-নট, মারলেও না, বকলেও না,
আবার কেউ অনর্গল কথা বলে, থামতে চায় না,
কথা তার আপনাআপনি আসে, কিছু ভাবতে হয় না।
কথা অপরকে কাছে টানে, আবার দূরে সরিয়ে দেয়।
কেউ আছে যার সাথে কথা বলতে ভালো লাগে;
মনের কথা, প্রাণের কথা অকপটে বলা যায়,
জীবনের সব সমস্যা মিটে যায়;
এমন আছে ক'জন?
গোনা যায়
হাতে।

১৮৮

জেতা

তুমি জিতবে,
যদি পেনাল্টি স্ট্রোকে লাস্ট গোলটি দিতে পারো;
তুমি জিতবে,
যদি সময়ের মধ্যে তোমার কাজ শেষ করতে পারো;
তুমি জিতবে,
যদি কোনো স্বার্থ ছাড়াই লোকের সেবা করতে পারো;
তুমি জিতবে,
যদি অপরের বেদনা নিজের মধ্যে অনুভব করতে পারো;
তুমি জিতবে,
যদি অহৈতুক ভালোবাসা অপরকে দিতে পারো।

১৮৯

ভবিষ্যৎ

সুখ দুঃখের আড়ালে লুকিয়ে যে আনন্দ
একদিন তা বাইর হবে।
অন্ধকারের পেছনে জ্বলছে যে আলো
একদিন তা প্রকাশ হবে।
কথার ফাঁকে ফাঁকে লুকিয়ে যে বাণী
একদিন তা কথায় রবে।
রয়েছে যে জন চোখের আড়ালে
একদিন সে দেখা দেবে।

১৯০

আনন্দধারা

আনন্দধারা বহিছে ভুবনে,
শীতল পবনে,পাখীর কুজনে,
রৌদ্রঝলমল দিনে,
প্রস্ফুটিত ফুলের বিচিত্র বরণে,
বহিছে আনন্দধারা দেহের
সকল কোষে আর স্নায়ুর স্পন্দনে,
মনের নিত্যনব নব ভাবনে,
শ্বাস-প্রশ্বাস, নিত্য কর্মে,
আচার-আচরণে, অন্তর গহনে।
সকল বন্ধন থেকে মুক্ত
আনন্দে উদ্বেলিত প্রাণ ধায় উর্দ্ধপানে।
অন্তরে আনন্দেতে দুঃখ জ্বালা
যাক সকলই পুড়ে,
সূর্যের আলোয় কাটুক অবসাদ
নতুন দিনের ভোরে।

১৯১

প্রত্যাশা

এই জগতে
একের অপরকে প্রয়োজন,
প্রয়োজনে তুমি এগিয়ে এলে,
কারোর পাশে এসে দাঁড়ালে,
এইভাবে গড়ে ওঠে ভালোবাসা,
সখ্যতা, পারস্পরিকতা।
সবাই সবসময় একরকম নয়,
আজ যে তোমার বন্ধু, কাল সে নাও হতে পারে;
সময় অনেককিছু ভুলিয়ে দেয়,
একে অপরের থেকে দূরে সরিয়ে দেয়;
তাই নিয়ে মনে রেখো না খেদ,
কারোর কাছে কোনো প্রত্যাশা নয়,
এতে আশাহত হবে জেনো নিশ্চয়।
সকলের মঙ্গল চিন্তা করো দিনে রাতে,
সুখে থাক, সুখী করো সবে।

১৯২

গুণী

তুমি কেমন করে গান করো হে গুণী,
আমি অবাক হয়ে শুনি;
আমার হৃদয়ের তারে অনুরণিত হয়ে ওঠে,
আমি অবাক হয়ে শুনি;
আমার সারা শরীরে শিহরণ জাগিয়ে তোলে,
আমি অবাক হয়ে শুনি;
আমার দেহের সকল কোষ ও স্নায়ু স্পন্দিত হয়ে ওঠে,
আমি অবাক হয়ে শুনি;
আমার সকল সত্তাকে আনন্দে ভরিয়ে তোলে,
আমি অবাক হয়ে শুনি।

১৯৩

জীবে প্রেম করে যেই জন

তোমার প্রাণের চেয়ে আমার প্রাণের দাম বেশী,
তাই সবাই মিলে তোমাকে তৃপ্তিভরে খাই;
তুমিও তো জীব, তোমারও যে আছে প্রাণ
সেই কথাটি ভুলে যাই;
এই চোখ দিয়ে নয়, মর্ম-চক্ষুর অভাবে
তোমার মর্মবেদনা দেখতে নাহি পাই।
কোথায় ঈশ্বর, কোথায় জীবপ্রেম,
বলতে হয় তাই বলে বেড়াই।

১৯৪

রৌদ্র আলোকে

রৌদ্র আলোকে দীপ্ত আকাশ,
নব চেতনা জাগে পল্লবে পল্লবে,
শীতল বাতাস ভরে আছে
অনাঘ্রাত ফুলের সৌরভে।

১৯৫

বিস্কুট

বিস্কুট;
কত রকমের,
হাতি ঘোড়া উট,
থিন এরারুট বিস্কুট।
একটা ফেরিওয়ালা আসত
দুপুর রৌদ্রে মাথায় ঝাঁকি নিয়ে,
তাতে সাজানো থাকত নানারকম বিস্কুট -
কোনোটা ঝাল, কোনোটা নোনতা, কোনোটা মিষ্টি,
বিভিন্ন জ্যামিতিক আকারের বিভিন্ন রকমের,
আমরা কিনেছি পাঁচ পয়সার বিনিময়ে,
এখন আর দেখি না সেইসব বিস্কুট,
বাজার থেকে ধীরে ধীরে উধাও;
শুধু মনিকা মেরী টাইগার
কিংবা জিরে দেওয়া
গোল আকৃতির
বিস্কুট।

১৯৬

শ্রমিকদের প্রতি

ফ্যাক্টিরিতে
কাজের সময়
শ্রমিকদের সঙ্গে
মিশে গিয়ে কাজ করেছি,
এক সঙ্গে ভাগ করে খেয়েছি,
তাদের পরিবারের কথা জেনেছি,
তাদের সুখ দুঃখ ভাগ করে নিয়েছি,
সাধ্যমত সাহায্যের হাত বাড়িয়েছি,
তাদের কাছ থেকে কাজ শিখেছি,
ছেলেকে ঘরে বসে পড়িয়েছি,
সবথেকে বড় পাওয়া
তাদের ভালোবাসা
পেয়েছি।

(আন্তর্জাতিক শ্রমিক দিবসের শুভেচ্ছা)

১৯৭

পরোক্ষ

এখানে দেখা যায় না -
নদ, নদী, পাহাড়, পর্বত, বনজঙ্গল আমাকে টানে।
টানে শসশ্যামলা হরিদ্রাভ সর্ষের ক্ষেত,
দিগন্ত বিস্তৃত মাঠ।
পুকুর যেখানে হাঁস চড়ে বেড়ায়,
ধোপা কাপড় কাচে, চাষীবউ বাসন মাজে,
জেলে জাল ফেলে মাছ ধরে।
গ্রামের পাঠশালা যেখানে বেত হাতে
গুরুমশাই মাচার ওপরে বসে আর পড়ুয়ারা
একসাথে সুর করে নামতা পড়ে।
যেখানে পথ দিয়ে হেঁটে যেতে যেতে বুলবুল পাখির
উল্টো কুঁজোর আকারের বাসা দেখা যায়,
ফিঙে, দোয়েল, কোকিল, ঘুঘু পাখির ডাক শোনা যায়।
যেখানে গোয়ালের সামনে খুঁটিতে বাঁধা গরু বসে বসে জাবর কাটে।
যেখানে আকাশটা অনেক বড়, গাঢ় নীল,
যার নীচে দিয়ে দল বেঁধে পাখিরা উড়ে চলে এক প্রান্ত থেকে অন্য প্রান্তে।

যেখানে নেই কোনো কোলাহল, গাড়ির আওয়াজ, মিছিল;

আছে শুধু প্রকৃতির নিবিড় সান্নিধ্য যার মধ্যে আছে আনন্দ, শুধুই আনন্দ।

১৯৮

সকালে

আজ সকালে

জানলা খুলতেই দেখি

পরিষ্কার ঝলমল আকাশ,

হাওয়ার সাথে মাছ ভাজার গন্ধ।

রাস্তায় দেখা চেনা পরিচিত মানুষ,

জিজ্ঞেস করে, কেমন আছ, কবে এলে।

একটা বেড়াল রাস্তার ওপরে মরে পড়ে আছে।

নীচের ফ্ল্যাটে সুবীরদা, বন্দনা বৌদি খুব ভালো লোক,

তাদের একটাই মেয়ে, দেখতে ভালো, কিন্তু অস্বাভাবিক।

মানুষের জীবন সুখদুঃখে ভরা, জীবনআকাশে কখনো মেঘ, কখনো রোদ্দুর।

১৯৯

আমার ভালো লাগা

ভালো লাগে ব্যালকনিতে পায়চারি করতে;
ভালো লাগে নিকট বন্ধুদের সাথে বসে আড্ডা দিতে;
ভালো লাগে গল্প, কবিতা লিখতে;
ভালো লাগে রবীন্দ্রসঙ্গীত গাইতে, কবিতা আবৃত্তি করতে;
ভালো লাগে মা, শ্রীঅরবিন্দের লেখা পড়তে;
ভালো লাগে গভীর রাত্রে ঘুম ভেঙে গেলে
শুয়ে শুয়ে মায়ের মিউজিক শুনতে;
ভালো লাগে তারাশঙ্কর-শরৎচন্দ্র-বিভূতিভূষণের লেখা পড়তে;
ভালো লাগে অবসর সময়ে পুরোনো বাঙলা সিনেমা দেখতে;
ভালো লাগে ট্রেনে চড়ে কোথাও বেড়াতে যেতে;
ভালো লাগে পাহাড়, সমুদ্র দেখতে;
ভালো লাগে সকলকে ভালোবাসতে।

২০০

এখন ও তখন

এখন কেউ রাস্তা দিয়ে
হাত ধরাধরি করে চলে না,
এখন কেউ দেখা হলে
প্রাণের কথা খুলে বলে না,
এখন কেউ কারোর সাথে
রকে বসে আড্ডা দেয় না,
এখন কেউ হাওয়াই চপ্পল ছিড়লে
সেফটিপিন লাগায় না,
এখন কেউ তাপ্পি দেওয়া প্যান্ট
পরে রাস্তায় বেরোয় না,
এখন কেউ শীতের দিনে সচরাচর
গায়ে চাদর দেয় না,
এখন কেউ গামছা পরে
পুকুরে চান করতে যায় না,
এখন সকালে ফেরীওয়ালা
খেঁজুরের রস হাঁকে না,
এখন ছেলেরা বেলুনওয়ালার

পেছন পেছন দৌড়োয় না,
এখন কেউ থান ইটের উনুনে
বাগানে আলুকাবলি বানায় না।

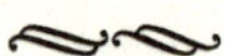

২০১

ব্যতিক্রমী

রোগজ্বালা লেগেই আছে,
আমরা কেউই এর ব্যতিক্রম নই;
দুঃখ কষ্ট ভোগ করতেই হয়,
আমরা কেউই এর ব্যতিক্রম নই;
লোভ লালাসা আষ্টেপৃষ্ঠে বেঁধে রেখেছে,
আমরা কেউই এর ব্যতিক্রম নই;
কেউ কটু কথা বললে মন খারাপ হয়,
আমরা কেউই এর ব্যতিক্রম নই;
সবাই চায় তাদের অহংএর তৃপ্তি,
আমরা কেউই এর ব্যতিক্রম নই।
এরমধ্যেই মানুষ আনন্দকে খুঁজে বেড়ায়;
অপরের জন্য স্বার্থত্যাগের আনন্দ;
প্রয়োজনে কারোর পাশে দাঁড়ানোর আনন্দ;
ভায়ের কপালে ফোঁটা দেওয়ার আনন্দ;
অপরের হাতে রাখি পরানোর আনন্দ;

অন্যকে বাড়িতে ডেকে খাওয়ানোর আনন্দ;
পালাপার্বণে নিমন্ত্রণের আনন্দ;
অপরের কাছ থেকে স্তুতিবাক্য শোনার আনন্দ;
রোগভোগের পর কাউকে সুস্থ দেখলে আনন্দ।

২০২

আমার তবলা শেখা

তবলা
তেরেকেটে
তিন তাল, কায়দা,
কাহারবা, দাদরা, রুপক;
প্র্যাকটিস তো ভালোই চলছিল;
হঠাৎ করে শুরু হলো আঙুলে ব্যথা;
কৈরালিতে ডাক্তার দেখিয়ে ওষুধ নিয়ে এলাম;
আয়ুর্বেদিক ওষুধখেয়ে যদিও বা ব্যথা কমলো,
বাজাতে গিয়ে দেখি তবলা গিয়েছে ফেটে।
দুর্গাপুরী থেকে নিয়ে আনলাম সারিয়ে;
নতুন করে প্র্যাকটিস শুরু করলাম।
দেখি আঙুল শুনছে না কথা
বেশ কিছু গিয়েছি ভুলে,
এই বুড়ো বয়েসে
এমনটিই হয়;
তবলা।

২০৩

মানুষ

মানুষ
একরকম নয়,
কেউ পর, কেউ আপন,
আবার কেউ আপন থেকে পর;
কেউ বৃষ্টির দিনে ছাতা নিয়ে পাশে দাঁড়ায়;
কেউ চলতে চলতে থেমে গিয়ে বলে, উঠে পড়ুন;
কেউ চলন্ত ট্রেনে বলে, এদিকটা এসে দাঁড়ান, হাওয়া পাবেন;
আবার কেউ চিনতে পারে না, পাশ কাটিয়ে চলে যায়।
এই জগতে আমার কেউই থাকব না চিরদিন;
মানুষ বেঁচে থাকে তার সুমিষ্ট ব্যবহারে,
টাকা পয়সাবাড়ি গাড়ি কিছু নয়,
সবকিছুই হারিয়ে যায় নিত্য,
থেকে যায় শুধু স্মৃতি,
এই সংসারে।

২০৪

সদুপদেশ

যেমন
চলছে চলুক।
ভিন্ন জনের ভিন্ন মত,
তারা চলে নিজের মতে,
তোমার কথায় কি যায় আসে,
দরকার কি মতদ্বন্দ্বের মধ্যে জড়ানো;
তার চেয়ে ভালো তুমি নিজের পথ ধরে চল,
লোকের মঙ্গল কামনা করো দিনে রাতে,
দুঃসময়ে অপরের পাশে এসে দাঁড়াও,
পারবে না তুমি কাউকে বদলাতে,
কারোর কথায় মনে করো না,
মনের বোঝা বাড়িও না;
যেমন চলছে
চলুক।

২০৫

শরীর

শরীরে
কম নয়
রোগ জ্বালা,
সর্দি, কাশি, জ্বর,
পিলে বেড়ে যাওয়া,
কাটা, ছেঁড়া, রক্তারক্তি,
দাঁতের ব্যামো, পেটব্যথা,
কান কটকট, চোখের যন্ত্রণা,
হাঁটুর ব্যথা, ব্লাডপ্রেসার, ডায়াবেটিস,
এছাড়া কত রোগ আছে বাসা বেঁধে শরীরে,
মাঝে মাঝে জানান দেয় দিতে রাতে।
এই শরীর পরম ব্রহ্মের শ্রেষ্ঠ দান।
এখানেই তিনি নিত্য বিরাজিত,
অন্তরগহনে হৃদয়মন্দিরে,
রেখেছেন শুদ্ধ করি।
আপনারে তাঁরে
করি নিবেদন
শরীর।

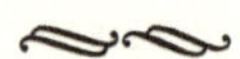

২০৬

কান্না

আগে শুনতে পেতাম না, এখন পাই,
একজন নয়, অনেকের একসাথে
বুকফাটা বেদনার কান্না;
আকাশ বাতাস কাঁপিয়ে চারিদিক থেকে
ভেসে আসা আর্ত মানুষের কান্না;
স্বজনহারা মানুষের বিচ্ছেদবেদনার কান্না;
রোগে আক্রান্ত যন্ত্রণাকাতর মানুষের কান্না;
দারিদ্রতার বোঝা বয়ে বয়ে হাঁফিয়ে ওঠা মানুষের কান্না;
ফুটপাতে গুগলি নিয়ে বসে থাকা গরীব মেয়েটির কান্না;
অন্যের আগ্রাসী মনোভাবের শিকার হওয়া মানুষের কান্না;
অন্যায় অত্যাচারে অত্যাচারিত অসহায় মানুষের কান্না;
কারোর লালসার আগুনে পুড়ে যাওয়া অর্দ্ধদগ্ধ মানুষের কান্না;
বন্যায় ভেসে যাওয়া সর্বহারা অসহায় মানুষের কান্না;
করোনার ভয়াবহতার আতঙ্কে ভীত মানুষের কান্না।

সময়ের সাথে সাথে চোখের জল বাস্প হয়ে যায়,
তবুও এখনও আর্ত মানুষের কান্না শোনা যায়।

২০৭

চুপ থাকা

অনেক জেনেছ, বুঝেছ,
এবার চুপটি করে থাক;
লোকের সাথে বিবাদে না গিয়ে
তুমি চুপটি করে থাক;
কে কি করছে এসবের মধ্যে না গিয়ে
তুমি চুপটি করে থাক;
কোনো কিছুর প্রতিবাদ না করে,
তুমি চুপটি করে থাক;
লোককে জ্ঞান না দিয়ে
তুমি চুপটি করে থাক;
সকলের সঙ্গে সদ্‌ভাব বজায় রাখ,
আর চুপটি করে থাক;
সদাই সকলের মঙ্গল চিন্তা করো,
আর চুপটি করে থাক;
সর্বব্যাপী চেতনার মধ্যে মিশে যাও,
আর চুপটি করে থাক;
শান্তি, আনন্দে নিজেকে ভরিয়ে রেখে
তুমি চুপটি করে থাক।

২০৮

আমার মন

তুমি থাকো তোমার
আমি থাকি আমার মতো;
কারোর সাতে পাঁচে নেই,
তবু মনের মধ্যে জমে আবর্জনা যত।
বেরাই ঘুরে ঘুরে
আবিল মনের বাইরে।
মন আবার আমায় বাঁধে,
ক্লিষ্ট করে দিনে রাতে।
বন্ধ দ্বারখানি যাক খুলি,
নবচেতনা নামি শুদ্ধ কর তুলি।

২০৯

তুমি নাচছ

তোমাকে

নাচাচ্ছে

আর তুমি নাচছ,

সবকিছু ভুলে গিয়ে

তুমি নাচছ,

সব কাজ ফেলে রেখে

তুমি নাচছ,

কুহকের জালে জড়িয়ে

তুমি নাচছ,

দিকবিদিক জ্ঞানশূণ্য হয়ে

তুমি নাচছ,

নিজের অস্তিত্ব বিপন্ন করে

তুমি নাচছ,

চারিদিকের লোকেরা বিদ্রুপ করছে,

তবু তুমি নাচছ,

তোমার বুদ্ধি, বিবেক জলাঞ্জলি দিয়ে
তুমি নাচছ,
জানো এতে কোনো লাভ নেই, শুধুই ক্ষতি,
তবু তুমি নাচছ।

২১০

সবাই ও আমি

সবাই করে কাজ,
আমি শুধু দিই যে ফাঁকি;
সবাই ঘুরে বেড়ায়,
আমি বসে থাকি।
সবাই রাতে ঘুমোয়,
আমি জেগে থাকি।
সূর্য যখন ছড়ায় দিনের আলো,
তখন মনের দরজা খুলে রাখি।
সবাই নানান কথা বলে,
আমি নীরব হয়ে থাকি।
এ জগতে হায় কেউ কারোর নয়,
কে যেন এসে করে ডাকাডাকি।
কে শোনে কার কথা,
কাকে জানাই অন্তরের ব্যথা।
সবাই ব্যস্ত কাজে
সকাল থেকে সাঁঝে।
মাঝে মাঝে ফোনে কথা হয়,

আমিই জিজ্ঞেস করি ফোনে,
কেউ বলে কথা,
কেউ নীরবে যায় শুনে।
‘‘ভালো আছি‘‘, ‘‘ভালো নেই‘‘,
এসব হয় শুনতে।
মনের দরজা বন্ধ,
নেই শীতল দখিন হাওয়া;
শুধু ঘরে বসেই থাকি,
নেই তোমায় কাছে পাওয়া।

২১১

খাওয়া ও ঘুম

খাওয়া,
খেয়ে ঘুম,
উঠে বিছানা তোলা,
দাঁত ব্রাশ, দাড়ি কামানো,
ব্যায়াম, প্রাণায়াম শান্তিমন্ত্রকথন,
চা বিস্কুট খেতে খেতে কাগজ পড়া,
ওয়াটসপে বন্ধুদের গুডমর্ণিং জানানো,
ধূপ, জল, ফল দিয়ে ঠাকুরের পূজো করা,
মাঝে মাঝে টুকিটাকি কিনে এনে ঘরে ফেরা,
ফিরে রুটি তরকারি সহযোগে প্রাতরাশ,
গান, তবলা বাজানো প্র্যাকটিস করা,
বাইরের কাজ যেমন ব্যাঙ্ক, বাজার,
কোনো বন্ধুর বাড়ি গিয়ে আড্ডা,
ফিরে মধ্যাহ্নভোজন করা,
পড়া, লেখালেখি করা,
ঠাকুরকে দেওয়া,
সান্ধ্যভ্রমন,
খাওয়া,
ঘুম।

২১২

মেঘ বলাকা

বললে তুমি
মেঘের পানে চেয়ে
যখন তুমি থাকো দূরে
তখন তোমার পাবার আশে
ঊর্ধ্বাকাশে আকুল মন উড়ে লে।
যখন তুমি কাছে এসে বেড়াও ভেসে
তখন তোমায় দেখি অবহেলে।
ক্ষণিকের তরে দেখা দিয়ে
নিরুদ্দেশের পথে
গেলে চলে।

২১৩

আমি তোমাদেরই একজন

আমি তোমাদেরই একজন,
সবসময় মোবাইল নিয়ে পড়ে থাকি।
আমি তোমাদেরই একজন,
এক পার্টির সমর্থক হয়ে
তাদের দোষত্রুটি ঢেকে রাখি।
আমি তোমাদেরই একজন,
ধর্মের নামে পূজা পার্বণে মেতে থাকি।
আমি তোমাদেরই একজন,
টিভির পর্দায় সিরিয়ালে চোখ রেখে বসে থাকি।
আমি তোমাদেরই একজন,
বাজারের দর নিয়ে আলোচনায় মেতে থাকি।
আমি তোমাদেরই একজন,
লকডাউনে ঘরে একা একা বসে হাঁফিয়ে উঠি
আমি তোমাদেরই একজন,
বৃষ্টিভেজা সন্ধ্যায় বন্ধুদের সাথে বসে আড্ডা দিতে ভালোবাসি।
আমি তোমাদেরই একজন,
বিশ্বকাপ ফুটবলে আমার প্রিয় দল হেরে গেলে দুঃখ পেয়ে থাকি।

আমি তোমাদেরই একজন,

ইন্ডিয়ার প্লেয়ার সেঞ্চুরির দোরগোড়ায় এসে আউট হয়ে গেলে আক্ষেপ করে থাকি।

আমি তোমাদেরই একজন,

নিজেদের দেশকে ভালোবাসি, কেউ দেশের সম্পদ নষ্ট করলে কষ্ট পেয়ে থাকি।

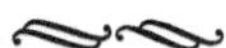

২১৪

ইষ্ট দিন

বছর শেষ হওয়ার আগে
এসে গেল সেই দিন,
আমার দৃঢ় ইষ্ট দিন,
সকলকে ভালোবাসার দিন,
সত্যের পথে, আলোর দিকে আরো একধাপ এগিয়ে যাওয়ার দিন,
সীমার ওপারে অসীমের দিকে নিজেকে নতুন করে খুলে ধরার দিন,
প্রভাত সূর্যের আলোয় প্রস্ফুটিত ফুলের মতো ফুটে ওঠার দিন,
নতুন শক্তি, উদ্যম, ভাবনায় নতুন করে বেঁচে থাকার দিন।
এমন দিনটি আসুক ফিরে বারে বারে,
জীবনের মায়ার আবর্তনে,
শাশ্বত সত্যের পথ ধরে,
অশান্ত কর্ম কোলাহল মাঝে,
শান্ত-উদার-গভীর নীরবে,
দিব্যশক্তি, জ্ঞান, প্রেম, জ্যোতিতে
অন্তর যাক ভরে।

২১৫

ঘুগনি

শ্রীরামপুর
ষ্টেশনের পাশে
রাস্তাটি গেছে বেঁকে
মুখার্জীপাড়ার দিকে,
সেই বাঁকের মুখে রাস্তার ধারে
লোকটা বসে আছে টুলের ওপরে।
সামনে তার ঢাকা ডেকচিতে ঘুগনি,
তারই একপাশে রাখা মুড়ি আর পাউরুটি।
ঘর্মাক্ত কলেবর, রোদ্দুরে মুখ তার গেছে তেতে।
জিজ্ঞেস করতেই বলল, চলে যাচ্ছে আপনাদের আশীর্বাদে।
পেঁয়াজকুঁচি আর কাঁচা লঙ্কার সাথে ঘুগনি
কিনলাম দশ টাকার বিনিময়ে।
দুঃখ যন্ত্রণা যাই থাক তার
মুখের হাসি যায়নি
মিলিয়ে।

২১৬

আমগাছ

কয়েকদিন আগের রাত্রে প্রচণ্ড ঝড়ে
বাড়ির সামনের রাস্তার ওপারে
দাঁড়িয়ে থাকা আমগাছটা শেকড় উপড়ে
এসে পড়লো ব্যালকনির ওপরে।
গাছটা যখন ছিল তখন তার ওপরে
মায়া মমতা না থাক,
সেটাকে নিয়ে নিত্য হতো বিবাদ,
কোনো সামাজিক অনুষ্ঠানে পাতা পাড়া নিয়ে;
কেউ কেউ গাছের ডালে ঝুলে থাকা কাঁচা আম পাড়লে,
আমগাছটির মালিক আসতো তেড়ে।
এখন গাছটা আর নেই, নেই কোনো বিবাদ।
ট্রি অ্যামবুলেন্সের গাড়ি এলো
ডালপালা কেটে নিয়ে যেতে।
গেটের সামনে নীরবে ছিলাম দাঁড়িয়ে।
সামনের বাড়ির লোকটা যার দেমাকে

পা পড়ত না মাটিতে,

সে এগিয়ে এসে বলল,

ঘোষজী, বুরা মত্ মানিয়ে

আপকা গাড়ি থোড়ি দেরকে লিয়ে

হটা লিজিয়ে।

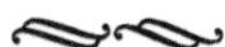

২১৭

এটিকোয়েট

কেউ যদি তোমাকে আড়াল করে দাঁড়ায়,সেটা তোমার অপরাধ,

Excuse me

কারোর পাশে রাখা তোমার জিনিস নেওয়াটা তোমার অপরাধ,

Excuse me.

তুমি যদি কারোর কথা শুনতে না পাও সেটা তোমার অপরাধ,

Excuse me.

কেউ যদি খেতে খেতে ঢেকুর তোলে সেটা তার অপরাধ,

Excuse me.

কেউ যদি তোমার দিকে না তাকিয়ে চলে যায় সেটা তোমার অপরাধ,

Excuse me.

কারোর যদি একটু বেশী খাওয়ার ইচ্ছা হয় সেটা তার অপরাধ,

Excuse me.

২১৮

অন্যরকম

রাস্তার ধারে ফাঁকা মাঠ,
আমরা বলতাম সার্কাস মাঠ।
রাস্তার পাশে সেই পুকুর,
আমরা বলতাম এঁদো পুকুর।
বাবুদের বাগানটা এখনও আছে,
কিন্তু বাবুরা কেউ নেই,
পুরোনো বাড়িটা আর নেই,
আমরা সেখানে লুকোচুরি খেলতাম,
সেখানে নতুন ফ্ল্যাটে নতুন লোক।
মিষ্টির দোকানটা এখনও আছে,
সিঙারা কিনলাম।
শোকেসে সাজানো মিঠাই,
হালখাতায় দোকানিরা দিত,
বললাম, দাও দেখি একটা,
খেয়ে মনটা ভরে উঠল তৃপ্তিতে।

২১৯

দীপাবলী

দীপাবলীর এই শুভক্ষণে
মাটির প্রদীপ, মোমের বাতি
জ্বলছে সবার ঘরের কোণে,
জ্বলছে আলো সবার মনে, সবার প্রাণে,
জ্বলছে আলো নিত্যকালের বিশ্বজুড়ে,
জ্বলছে আলো প্রাণের মাঝে গভীরলোকে,
রবির আলো, চাঁদের আলো, তারার আলো,
জ্বলছে সদাই আকাশজুড়ে,
প্রেমের আলো জ্বলছে সবার হৃদয়জুড়ে।

২২০

চিরন্তন

তোমার ভুবনে যতই থাকুক পাপ, অভিশাপ,
সত্যের পথ আছে খোলা,
সবকিছু উপেক্ষা করে চিরন্তন এই পথে
নিরন্তর পথ চলা।

২২১

তবু

আমি তর্ক এড়াতে চাই,
তবু তর্ক করে যাই।
আমি নিঃস্বার্থ হতে চাই,
তবু স্বার্থ আঁকড়ে থাকি।
ভেদাভেদ দূর করতে চাই,
তবু ভেদভাবনা জড়িয়ে রাখি।
লোকের সেবা করতে চাই,
তবু সকলকে বলে বেড়াই।
আমি তোমাকে কাছে পেতে চাই,
তবু তোমার থেকে দূরে চলে যাই।

২২২
বিরিয়ানি

শুধু
বিরিয়ানি
ঘরে বাইরে
রাস্তায় দোকানে
সামনের ফুটপাত জুড়ে,
ভিড় করে লোকেরা কেনে,
ছেলে বুড়ো সকাল থেকে সাঁঝে।
আগে ছিল না, এখন দোকানের ছড়াছড়ি।
মটন, চিকেন, এগ আরো কতরকমের বিরিয়ানি।
বিভিন্ন অনুষ্ঠানে সুস্বাদু আইটেম বলতে
সকলের পছন্দের খাবার একটাই,
ভাত, ডাল, পোস্ত, শুক্ত ছেড়ে
খাদ্যরসিক বঙ্গসন্তানদের
ঘরে ঘরে এখন
বিরিয়ানি
শুধু।

২২৩

জীবনগাথা

ছোটবেলা একরকম ছিল,
ভেবেছিলাম যাই করি না কেন,
সৎভাবে থাকব, আদর্শ মেনে চলব,
মহাপুরুষদের পদাঙ্ক অনুসরণ করে চলব।
লাইব্রেরী থেকে বই নিয়ে এনে পড়তাম –
নেতাজী, রামকৃষ্ণ, বিবেকানন্দ, নিবেদিতা, শ্রীঅরবিন্দ,
দেশের সেবায় নিয়োজিত বিপ্লবীদের জীবনকথা।
ভেবেছিলাম সবকিছু ছেড়ে বেড়িয়ে পড়ব
সত্যের সন্ধানে, প্রকৃত জ্ঞানের অন্বেষণে,
কৌপিনধারী সর্বস্বত্যাগী সন্ন্যাসীদের দলে যাব মিশে,
তাদেরই এক আশ্রমে গিয়ে গুরুর কাছে নেব দীক্ষা।
কখনো ভেবেছি নিজের দেশই সব,
পরাধীনতার দাসত্ব থেকে মুক্ত দেশজননীর পাশে গিয়ে
তাঁর সুখ দুঃখের ভাগীদার হয়ে উঠি,
কিসের সংসার, কিসের এই বিলাসব্যসন, এসব কিছু নয়।

এরপর ক্রমে ক্রমে বড় হলাম,

স্কুল, কলেজ, ইউনিভার্সিটির
গন্ডী পেড়িয়ে চললাম এগিয়ে
সরকারি চাকরি, বাড়ি, গাড়ির পথ ধরে,
ডুবে গেলাম দশটা-পাঁচটা ডিউটি,
স্ত্রী কন্যার সংসারে, তাদের ভরণপোষণে;
হিসেব করতে শুরু করলাম কতটা পেলাম,
পুঁজি বেড়ে হলো কত।
এর সাথে সাথে লিখেছি আদর্শের কথা,
মানুষের সুখ দুঃখের কথা,
সমাজজীবনের কথা।
আজ বসে বসে ভাবি দেবপ্রিয়র কথা,
নিজেই নিজেকে জিজ্ঞেস করি,
কতটুকু দিলাম এই সমাজকে,
দেশমাতার অশ্রুমোচনের জন্য কি করেছি,
সত্যের পথে, ন্যায়ের পথে, আদর্শের পথে,
মহাপুরুষদের পদাঙ্ক অনুসরণ করে কতটা এগিয়েছি।
মেলেনি উত্তর।

২২৪
হাসি

কাউকে
নকল করা,
আর ব্যঙ্গ করা,
দুটো এক জিনিস নয়।
হাসির রাজা রাজু শ্রীবাস্তব -
নকল করতে সিদ্ধ, কেউ বাদ নেই,
সিনামা আর্টিস্ট, দেশ বিদেশের বিশিষ্ট ব্যক্তি,
সর্বস্তরের মানুষ, ইতর প্রাণী, অচেতন পদার্থ।
রাজুজী লোককে হাসায়, মনোরঞ্জন করে,
দেখে শুনে মানুষ দুঃখকে ভুলে থাকে;
সশরীরে নেই, তাঁকে দেখা যায়
টিভির পর্দায়, ভিডিও ক্লিপে;
লোকে আজও দেখে,
দেখবে চিরকাল,
দুঃখকে ভুলে
হাসবে।

২২৫

কাজ করি আনন্দে

আমরা
কাজ করি,
কল্যাণের তরে,
নিরহংকার যতনভরে,
সকল চাপ থেকে মুক্ত হয়ে।
করি কাজ যথাযথ, স্বতঃস্ফুর্তভাবে,
অহংকার দূরে সরিয়ে রেখে।
সদাই থাকি হাসিমুখে,
কাজ করি আনন্দে,
সুললিত ছন্দে,
একসাথে।

২২৬

বিয়েবাড়ি

বিয়ের মরশুম।

আইবুড়ো ভাত,

বরযাত্রী, কনেযাত্রী,

ছেলের বিয়ে, মেয়ের বিয়ে,

রোজই লেগে আছে নেমন্তন্ন।

লুচি, ছোলার ডাল, মাংস, পোলাও,

টেবিলের ওপরে সারি সারি সাজানো

পঁচিশ ত্রিশ রকমের আইটাম,

সাথে রকমারি মিষ্টি, আইসক্রিম।

কোনো restriction নেই, যেটা খুশি, যত খুশি খাও।

লোকে খাচ্ছেও ভীড় করে, ননভেজের দিকে ভীড় বেশী।

গৃহস্বামী তদারকি করে যাচ্ছেন, দেখছেন

অপরিচিত বিনা নেমন্তন্নে কেউ খাচ্ছে কিনা।

পরিচিত জনের মধ্যে ভাবের আদান-প্রদান

চলছে টুকরো কথায়।

দুটো কুকুর ঢুকে পড়েছে প্যাণ্ডেলের ফাঁক দিয়ে,

করুণচোখে খাবারের টেবিলের দিকে আছে তাকিয়ে।

চৌকিদার লাঠি নিয়ে তাড়া দিতেই যায় দূরে সরে,
কাছে আসতেই একজন গায়ে ছুঁড়ে দিল ঠান্ডা জল।
'...কি হলো,...একা একা বসে কি ভাবছেন, খেয়ে নিন...','এই যাচ্ছি'।
রাত হয়েছে মানুষের ভীড় ফিকে হয়ে গেছে,
আইটেম সব তলানিতে।
শ্লথ পদে এগিয়ে যাই খাবারের টেবিলের দিকে।

২২৭

ব্যানার্জীদা

কোট টাই পরা হাসি হাসি মুখ,
বাঁধানো ফটো বাইরের ঘরের সোকেশে।
ঘড়িটা কোনো একসময়ে চলতে চলতে বন্ধ,
কেউ নেই সেল বদলাবার।
পাশে রীতাদির ঘরে থাকে চাবি,
সপ্তাহে একদিন চন্দনা ঘর খুলে ধোওয়ে মোছা করে।
ব্যানার্জীদা যখন জীবিত ছিলেন
তখন প্রায়ই আসতাম,
এসে একসাথে বসে আড্ডা দিতাম।
দুঃখ, যন্ত্রণাকে আমল দিতেন না।
কেমন আছেন জিজ্ঞেস করলে বলতেন
‘‘বড়িয়া‘‘।

২২৮

জীবনযুদ্ধ

জীবনযুদ্ধ,
কেউ কেউ আছে
যাদের করতে হয় না,
কষ্টে দিন কাটাতে হয় না,
অর্থ নিয়ে চিন্তা করতে হয় না,
মাথার ঘাম পায়ে ফেলতে হয় না।
জীবনের সুখ সুবিধে তারা ভোগ করে;
আস্তে আস্তে নীতিবোধ যায় ছেড়ে,
টাকার পাহাড়ের ওপরে বসে বসে
তারা ভাবে সবকিছু যায় কেনা;
কোনো গ্লানি স্পর্শ করে না,
বিবেকের দংশন নেই।
তাদের জন্য নয়
জীবনযুদ্ধ।

২২৯

শ্রীঅরবিন্দ আশ্রম

যেখানে কোনো অন্যায় নয়,
সকলে ন্যায়ের পথ ধরে চলে;
যেখানে কোনো কুটিলতা নয়,
সকলে সরল পথ ধরে চলে;
যেখানে কোনো অসাধুতা নয়,
সকলে সততার পথ ধরে চলে;
যেখানে কোনো ঝগড়া বিবাদ নয়,
সকলে ঐক্যবদ্ধ হয়ে চলে;
যেখানে কোনো হিংসা, ক্রূড়তা নয়,
সকলে সহযোগিতার পথ ধরে চলে;
যেখানে কোনো বিশৃঙ্খলা নয়,
সকলে শৃঙ্খলা বজায় রেখে চলে;
যেখানে কোনো অপচয় নয়,
সকলে যেটা প্রয়োজন সেটাই নিয়ে চলে;
যেখানে কোনো অপরিষ্কার জীবন নয়,
সকলে পরিষ্কারভাবে চলে;
যেখানে পরনিন্দা পরচর্চা নয়,

সকলে নীরবতা বজায় রেখে চলে;
যেখানে মানুষ অহংকারী নয়,
হাসিমুখে সকলের সাথে কথা বলে;
যেখানে মা, শ্রীঅরবিন্দের কথা বেদবাক্য,
সকলে তাঁদের নির্দেশ মেনে চলে।

২৩০

ভালো আছি

হাজার সমস্যার মধ্যে

ভালো আছি।

শরীরের ব্যাধি উপেক্ষা করে

ভালো আছি।

কারোর সাথে ঝগড়া বিবাদ নেই,

ভালো আছি।

সুখ দুঃখ সকলের সঙ্গে ভাগ করে নিই,

ভালো আছি।

খাই দাই ঘুমোই কোনোকিছুর অভাব নেই,

ভালো আছি।

কোনোরকম মতদ্বন্দ্বের মধ্যে না গিয়ে

ভালো আছি।

একটু আধটু হাঁটাচলা করি,

ভালো আছি।

ছেলে মেয়ে বাইরে, একা থাকে

ভালো আছি।

সকলের সঙ্গে সদ্ভাব বজায় রেখে

ভালো আছি।

একটু আধটু বই পড়ি

ভালো আছি।

২৩১

বন্ধু

বন্ধু,
প্রিয় তুমি,
সুখ দুঃখের সাথী,
একাসনে বসে খেয়েছি,
পরীক্ষার জন্যে প্রস্তুত হয়েছি,
প্রয়োজনে তোমার উপদেশ শুনেছি,
তোমাকে দেখে নিজের ভুল শুধরেছি,
পাশে এসে দাঁড়িয়েছ যখন সাহায্য পেয়েছি,
এগিয়ে চলার শক্তি তোমার থেকেই পেয়েছি,
বাঁকা পথ ছেড়ে সোজা পথ ধরে চলেছি,
খেলার মাঠেতে গিয়ে খেলা দেখেছি,
সুখের রঙে তোমার ছবি এঁকেছি,
একসঙ্গে সিনেমা দেখেছি,
বেড়াতে বেড়িয়েছি,
খেলেছি,
বন্ধু।

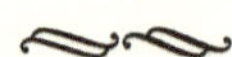

২৩২

পুরোনো বলে যাই চলি,
নতুন বলে আসি;
এসে সে বসে আমার পাশে
মধুর কণ্ঠে শোনায় গান
হৃদয় যায় পরশে।

২৩৩

পুরোনো দিন

সব হারিয়ে গেল।
সকালে উঠে গানের চর্চা,
ছাদে একান্তে বসে কবিতা লেখা,
দুই বন্ধুতে বসে স্বরচিত কবিতার চর্চা,
দর্শন, সাহিত্য, বিজ্ঞান, ধর্ম নিয়ে আলোচনা,
রঙ, তুলি, না হলে পেনসিল দিয়ে ছবি আঁকা,
পাড়ার মাঠে রাত্রে আলো জ্বেলে ব্যাটমিন্টন খেলা,
মামারবাড়ির দালানে ষ্টেজ বেঁধে সকলে নাটক মঞ্চস্থ করা,
লাইব্রেরী থেকে আনা গল্পের বইএর মধ্যে ডুবে থাকা,
ছুটির দিনে দল বেঁধে উন্মুক্ত প্রান্তরে ঘুরে বেড়ানো,
কবিতা, গল্প, ডিবেট কম্পিটিশনে অংশ নেওয়া,
স্কুলে, ক্লাবে মনীষীদের জন্মদিন পালন করা,
দল বেঁধে গঙ্গার জলে সাঁতার কাটা,
ইটের উনুনে আলুকাবলি বানানো
সব হারিয়ে গেল।

২৩৪

ঘর

চার তলার ওপরে
গঙ্গার ধারে
বাঁধিয়াছি ঘর,
শীতল বাতাসে জুড়ায়
দেহ, মন, প্রাণ,
করিতেছি রচন,
তোর তরে কবিতা আমার।

২৩৫

জনশ্রুতি

কারোর চোখে আমি ছোট,
কারোর চোখে বড়,
কারোর চোখে আমি সিধাসাধা,
কেউ বলে তুমি জটিল,
কেউ বলে তুমি বড্ড বেশী
ইমোশনাল, বুদ্ধিসুদ্ধি কম,
কারোর কাছে আমি নির্দয়,
নিজের স্বার্থ ছাড়া বুঝি না কিছুই,
কেউ বলে আমি রাগী,
তাই আমাকে করে ভয়,
কেউ বলে তুমি কানপাতলা,
একটুতেই লোককে বিশ্বাস কর,
কারোর চোখে আমি বড়ই একগুঁয়ে।
যা আসে মনে তাই করি,
কেউ বলে তুমি যেমন তেমন নও।
আমি জানি আমি খুবই সাধারণ,
তোমাদেরই লোক।

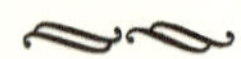

২৩৬

তীর্থযাত্রী

ওরা
ঠিক পৌঁছে যায়
দুর্গম পথ পেড়িয়ে
কেদারনাথ কিংবা বদ্রিনাথ।
মেহনত তো লাগে, পায়ে ফোস্কা পড়ে,
তোমরা বলবে ওদের বয়স কম, তরতাজা।
শুধুই কি দেহের শক্তি, প্রাণের শক্তিটাই সব?
এদের তার সঙ্গে আছে মনের জোড়, হৃদয়ের ভক্তি।
এসব থাকলে শক্তি আপনা আপনিই আসে।
আমরা ঘরে বসে বসে শুধুই ভেবে মরি;
এই সব না করে বেড়িয়ে পড়,
কেদারনাথ কিংবা বদ্রিনাথ;
ওদের মতো।

২৩৭

পিয়াসী মন

জীবন যতই নির্দয় হোক,
এরই মাঝে কখনো রৌদ্র দেয় উঁকি।
আমরা সুন্দরের পিয়াসী,
জীবনের এখনো বেশ কয়েকটি দিন বাকি।
দেখি ভোরের সূর্যোদয়,
শীতল বাতাসে জুড়ায় প্রাণ মন,
আপনার জনের সাথে মধুর বাক্যালাপে
কাটে কিছুক্ষণ।

২৩৮

অক্ষয় তৃতীয়া

অক্ষয় তৃতীয়ায়
গিয়েছিলাম তেলিনীপাড়ায়
খুব ছোটবেলায় থাকতাম কেটেছে
ছোটবেলাকার স্মৃতিবিজরিত জায়গা।
দুই একজনকে দেখলাম যারা আমার চেনা,
লোকেদের বেশীরভাগই দেখলাম অচেনা,
নেই সেই পুরোনো খেলার মাঠ, বাড়ি,
সেখানে শুধু ফ্ল্যাটবাড়ি সারি সারি।
দেখলাম গান গাইতে গাইতে
পথচারী চলেছে ধীরে ধীরে,
সঙ্গে বিগ্রহ রাধাকৃষ্ণের,
রথে উপবিষ্ট অন্নপূর্ণা
পথের ধারে মেলা
আগেরই মতো
লোকের ভীড়।

২৩৯

গৌতম

অনেক নামের মধ্যে একটা নাম, গৌতম;
গৌতম নামের লোকও অনেক, নয় কম।
চেন্নাইয়ে দিল্লীতে বাঙলাতেও ছড়িয়ে আছে কত গৌতম;
কেউ বন্ধু, কেউ অফিসের সহকর্মী,
খুড়তুতো ভাই, কারোর সাথে সম্পর্ক অন্যরকম।
মোবাইলে সেফ করা আছে এক একরকম,
Gautam...gaautam...gutm...gautm
একজনকে মেলাতে গিয়েcall
অন্যজনে যায় চলে, এইরকম
ভুল হয় হরদম।

২৪০

আত্মমর্যাদা

পরনে লুঙ্গি, গায়ে গেঞ্জি,
ঘামে ভিজে সপসপ করছে;
বটগাছের নীচে ছায়ায়
বসে আছে লোকটা।
সামনে রাখা ঝুড়িতে তার
কাঁচা পাকা পেয়ারা কয়েকটা।
ব্যাগ, পকেট হাতড়ে বার করল
দুটো দশটাকা, আর বলল,
না বাবু, হচ্ছে না একশ টাকার ভাঙানি।
জিজ্ঞেস করতে বলল, বাড়ি তার চাঁপদানি;
রোজ সকালে ঘুম ভাঙার পরে
হেঁটে হেঁটে আসে এতদূরে।
মুখটা তার হয়ে যায় পান্ডুর,
মনে জাগে ভয়,
এই বুঝি দশটাকার খদ্দের হাতছাড়া হয়।
বললাম, রাখুন টাকাটা;
লোকটা বললে, বাবু, তাই কি হয়?

২৪১

ঘুষ

ঘুষ
ঘুষের টাকা
কোথায় আছে জানো?
কালো টাকার পাহাড় থেকে।
মানুষই এই পাহাড় গড়ে তোলে,
তাদের উপকারে আসুক না আসুক।
কিছু লোক আছে যাদের উপকারে আসে,
তারাই এই টাকা দিয়ে স্ফুর্তি করে, আমোদ করে,
কেউ অস্বাভাবিক জীবনের মধ্যে মুখ ঢাকা দিয়ে ঘোরে।
আমিও এমন লোকেদের সাথে একসময়ে ঘুরেছি,
যারা আমাকে টাকার প্রলোভন দেখিয়েছিল,
টেনে নিয়ে যেতে চেয়েছিল অন্ধকারে,
তখনই তোমার কথা মনে হয়েছিল;
তুমি আমার জন্যে অপেক্ষা করছ,
তোমার অন্তরের প্রদীপ জ্বেলে।
আজও তুমি আছ নিভৃতে
আমার মনের গহনে
প্রিয়তমা।

২৪২

প্রতিমূর্তি

উন্মুক্ত মন, প্রশস্থ হৃদয়,
সেবার প্রতিমূর্তি তুমি,
হাসিমুখে সয়েছ অনেক দুঃখ,যাতনা,
সবারে বেঁধেছিলে ভালোবাসার বাঁধনে,
ভালোবাসার প্রতিমূর্তি তুমি
তোমার জন্মদিনে জানাই শুভকামনা।

২৪৩

ইচ্ছা অনিচ্ছা

কখনো কখনো হয় মিথ্যা কথা বলতে,
কখনো কখনো হয় অপ্রিয় কথা শুনতে,
কখনো কখনো ভালো না লাগলেও হয়
ভালো বলতে,
কখনো কখনো হয় মনের কথা
লুকিয়ে রাখতে,
কখনো কখনো ঘুম ভাঙলেও ইচ্ছা করে
শুয়ে থাকতে,
কখনো কখনো ইচ্ছা করে গাড়ি নিয়ে
বেড়িয়ে পড়তে,
কখনো কখনো ইচ্ছা করে বাইরে থেকে
খাবার কিনে আনতে,
কখনো কখনো ইচ্ছা করে গলা ছেড়ে
গান গাইতে।
কখনো কখনো ইচ্ছা করে পোষ্টকার্ডে
চিঠি লিখতে।

২৪৪

গ্রেটেস্ট

তাড়াতাড়ি কিছু করা নয়,
Haste is waste.
তবে সময় থাকতে করে নাও,
That is the best.
অর্থের পেছনে অন্ধভাবে ছোটা নয়,
Always remain honest.
বাঙালী অবাঙালী ভেদাভেদ নয়,
দেশ একটাই, শুধু different States.
রোজ একভাবে থাকা নয়,
কর diffferent taste.
সবাইকে ভালোবাসে যে
তাকেই বলি Greatest

২৪৫

আগের মতোই

আগেও যেমন দেখেছি
এখনও ঠিক তেমন।
আগে সকালে তার মেয়েকে
বাস স্ট্যান্ডে ছাড়তে আসত,
এখন সেই মেয়ে কলেজে পড়ছে।
কোঁচকানো কালো চুল,
রোগা নয়, মোটা নয়, দোহারা চেহারা,
পরনে বুশসার্ট, ঢলঢলে প্যান্ট।
সকাল সন্ধ্যায় নিত্য দেখা হয়,
রোজ পার্কে বেড়ায়, দুধ নিয়ে ফেরে,
দেখা হলেই হাসে, সাদা নিটোল দাঁত,
বয়স তার কাছে হার মেনে যায়,
আগে যেমন ছিল এখনও তেমনি।

২৪৬
কে তুমি?

কে তুমি?
কেন এলে?
কোথা থেকে এলে?
আগে কোথায় ছিলে?
এটা ওটা নিয়ে সদাই ব্যস্ত,
দুঃখ যন্ত্রণা নানান সমস্যায় ক্লিষ্ট,
সারাজীবন বেদনা বয়ে নিয়ে বেড়াও সাথে,
চুপ করে বসে থাকোনি কোনো সময়,
তাকাওনি একবারও নিজের পানে,
রাত্রে কিছুক্ষণ ঘুমে পড়ো ঢলে,
বাকি সময় কাটে অস্থিরতায়,
নানান চিন্তায় বিব্রত
প্রতিনিয়ত
তুমি।

২৪৭
নাটক

শুরুটা তো ভালোই ছিল,
উৎসাহ, উৎফুল্লতা, উদ্দমতা,
এটা ওটা নিয়ে মাতামাতি, খেলাধুলা,
দুর্বার গতিতে এগিয়ে চলা।

নাটকের মাঝের দিকে দারা পুত্র পরিবার,
আপাতভাবে সুখের সংসার,
দৃশ্য শেষ না হতেই দেখি সমস্যাক্লিষ্ট জীবন,
ক্রোধ, হিংসা, কামনা, বাসনা, টেনশন,
পার্থিব জিনিসের পেছনে ছুটে চলা,
আর ধনসম্পত্তির পাহাড় গড়ে তোলা।

নাটকের শেষ অঙ্কে বুকভরা বেদনা,
পুঞ্জীভুত হতাশা, রুগ্ন শরীর, ভগ্ন হৃদয়।
সবসময় আতঙ্ক আর ভয়,

যা কিছু করেছ সঞ্চয় সে সবই মায়াময়,
নিরালায়, নিরাপদ জায়গায় খোঁজে এক শান্তির আশ্রয়।

তারপর?

না শেষ দৃশ্যটা এখনও হয়নি দেখা,
ওটা সুখের স্বপ্ন দিয়ে আমার ছবি আঁকা।

২৪৮

রিটায়ার্ড লাইফ

কেউ কেউ আছে যারা সকাল সন্ধ্যায় হাঁটে,
হেঁটে পা ব্যথা করে;
কেউ কেউ আছে যারা বসে বসে লেখে,
লিখে হাত ব্যথা করে;
কেউ কেউ আছে যারা খবরের কাগজ খুঁটিয়ে খুঁটিয়ে পড়ে,
পড়ে চোখ নষ্ট করে;
কেউ কেউ আছে যারা খাওয়ার লোভ সামলাতে পারে না;
পেটের গন্ডগোলে ভোগে;
কেউ কেউ আছে যারা পুরোনো কাজের মায়া কাটাতে পারে না;
কাগজপত্র নিয়ে বেরিয়ে পড়ে;
কেউ কেউ আছে যারা শুধুই বসে থাকে;
মনের মধ্যে নানান চিন্তা জট পাকতে থাকে।
তারচেয়ে ভালো চুলোয় যাক সবকিছু;
কবির কথায় বলি মনের কথা -
"শূন্য করে রাখ তোর বাঁশি,
বাজাবার যিনি বাজাবেন আসি।"

২৪৯

রামধনু রঙ

কতরকমের রঙ -
প্রকৃতি বিভিন্ন রঙের পসরা সাজিয়ে
আমাদের বিমোহিত করে।
বিভিন্ন রঙের ফুলের ওপরে নিটোল আলপনা,
নীল আকাশের বুকে মেঘের
বিভিন্ন রঙের বিচিত্র রূপ,
সবুজ ঘাস, দিগন্তবিস্তৃত হরিদ্রাভ সর্ষে ফুলের বাহার,
সন্ধ্যাকালে নীল সমুদ্রের জল,
তার ওপরে দুগ্ধফেননিভ সাদা ঢেউএর মেলা,
পড়ন্ত রোদ্দুরের আলোয় আলোকিত রামধনু রঙ,
সোনালী রোদে রূপালী প্রজাপতির রাগিনী।
আমাদের কথায় কথায় উপমা প্রকৃতির বর্ণময়তায়।
বিচিত্র রঙের মধ্যে এক একজনের পছন্দ এক একরকম -
নীল, সবুজ, হলদে, লাল, দুধেআলতা।
বেছে নাও পছন্দমত,
তাই দিয়ে নিজেকে সাজিয়ে তোলো প্রকৃতির মতো।

ইংরাজী কবিতা

250
God

God is here, there, everywhere.

God responds to our sincere call.

God is vast, infinite, everlasting spirit.

God is not far but near within our heart.

There are numbers of ways of approaching God.

God is knowledge, light, power, bliss, peace.

God is One and makes us one removing all divisions.

God is always helpful, works through you and me.

Whatever the words are used to describe God, He is inexplicable

251
Kali the mother

O Divine Mother Kali, we adore Thee.
In the darkest of night, brightest of day,
In the tumult of sorrow, fullest hey,
We would not lose our sense in slumber,
Remain awake throughout the night and day.
We would not lose hope any more,
Keep always burning faith in Thy living
presence in the bottom of our heart.
Make our mind free from all worldly dirt;
Desire nothing for any personal gain,
Remain unmoved in pleasure and pain.
Ask nothing, seek nothing, plan nothing;
Allow Thy Divine order through the
empty channel of us flowing.
For the cause of Thy fulfilment in the earth,
We would live only to follow Thy sunlit path.

252
Invocation

To protect us from turmoil
imbroglio of lower nature,
Envelop us with Your loving arms,
furnishing a secured shelter
So that we may lie down
upon Your lap forever,
O our Sweet Divine Mother.

We look forward benefit of All,
rather than individual gain,
A sharing of feelings by All
to minimise individual pain,
In the flood of Your all-pervading love
let the wall of division disappear,
O our Sweet Divine Mother.

Let the light of immortality

Come down in the mortal shore of the den

Its effulgence gives a permanent cure

of our anguish burn

In the darkness of our life

let it give a blissful cheer

O our Sweet Divine Mother.

253
My Customers

You are buying goods from my shop;
You are my customers.
It is my duty to protect your interest,
You are my customers.
My duty is to give you quality products,
You are my customers.
My duty is to give you goods in time,
You are my customers.
My duty is to give value of your money,
You are my customers.
My duty is to remove fear cheating from your mind,
You are my customers.
I am always ready to help to solve your complaint,
You are my customers.
I assist you while in use the products,

You are my customers.

I give you product with less profit,

You are my customers.

I am ready to accept money in instalments,

You are my customers.

You are paying taxes to the Govt.

You are my customers.

254
Idle Brain

Idle brain devil's workshop"is not always correct.

Idle brain helps to write poems to be a poet;

Idle brain helps to learn language from sign board

Seen on either side of the road;

Idle brain brings new thoughts unknown to us,

Idle brain helps to write story, poem for timepass,

Idle brain makes us vast, open and silent,

Idle brain helps to memorize things to make these permanent

255
Rat-hole

Nothing great is achievable in the world without challenge.

Win the race is a challenge;

The challenge is to reach the mountain peak;

To cross the river at high tide is a challenge;

To stand first in tough competition is a challenge;

A lot of work is to be completed within stipulated time is a challenge;

To overcome adverse harmful forces in and around us is a challenge;

To remain safe and rescue others in disaster is a challenge;

To send space-craft on the surface of the moon,

To dig rate-hole and take out trapped labourers in the tunnel through it is great challenge.

256
A Glimpse

I see the perspective view of life
Standing by the side of the river,
Some ride on the boat,
Others sink deep into water;
Some with glittering face
Live successful life,
Others don't know swimming
And how to drive;
Some become happy to get what they want,
Others not; strike their head in dismay.
These are transitory phases of life,
Evanesce after a few days;
Let us join hand together,
Extend to those who sink;
Sail our boat in the direction of wind,

Remove all those from our mind

Which cleave our bond,

Develop inner relation among us

To make us happy, healthy and strong.

257
An Affection

With my affection to Thee, the whole world become glee,

I saw the nature present a living beauty to me

It showers the bliss all around

To give a meaningful joy I found

The Earth gives the nectar of motherly love,

Oozed out from bottom of her heart.

The green paddy fills the entire field

Shaking its head in the frenzy of wind.

I saw you on the bridge standing alone

In the last rays of sun setting in the horizon,

To utter an unuttered word,

Such a long distance I covered.

258
The Plant

The Plant is wonderful gift of nature,
It protects us, protect the entire creature
It nourish us by giving all kinds of food,
We make many things with different woods,
It gives us vegetables and fruits,
It gives pulses, rice and wheat.
It gives oxygen so that we can breath,
It covers us with protective sheath,
It gives us food and purify air
We live on the earth under its care,
Thus for our own benefit,
it is our duty to protect it
The green leaves and flowers of different colour
Attract all and help them to live together
This make us fresh and source of inspiration,
Plant is real friend to us and wonderful creation.

259
A DREAM

I want to live in the world like these;

There would be no war, remain only the peace;

There would be no conflict, no strife;

Al l would aspire for higher life;

One would live there for others;

All would enjoy freedom for ever;

Society would provide facilities to all,

so that they uplift them guided by the direction of their soul;

There would be no poverty,

Nourishment would be shared by all;

All would have proper education, medical care;

Teachers would take care of the students,

as good as their parents;

There would be no pollutant to pollute
surrounding, water and air,

People would be happy to live there;

There would be lakes, ground to play,

There would be spots to join for picnic in holiday;

There would be no theft, nobody would be afraid of
others;

The world would be like a familywhere all would
live together.

260
OUR COUNTRY

Our Country has different people at different places,
They speak in different languages,
They wear different dresses,
They have different taste,
They have different feelings, different thoughts,
They have different culture,
They have different look and different nature,
One place has plenty of water, other is draught,
The climate is different at different parts,
One place is cold, other is hot,
One place is fertile, other is barren,
One place suffers without water, in other it rains,
Whatever may be the different, diversity,
There exists an underlying unity.
They live happily in the lap of the Mother,
She has given us all a secured shelter.

www.ingramcontent.com/pod-product-compliance
Lightning Source LLC
LaVergne TN
LVHW091249150826
845673LV00006B/1364

* 9 7 9 8 8 9 5 1 9 5 4 8 2 *